真の自治行政構想の奇跡
～自治の華ひらく協治の世界～

荒木昭次郎・澤田 道夫 共著

敬文堂

はしがき

　本書の狙いは、個人の自治を原点にして、地域や集団の自治を講究していくことにあります。それは地域や集団の自治が人と人とのつながりが生み出す力によって生成されると考えるからで、そのことを論理的に説明していくことが本書の目的の一つでもあります。

　とくに、地域や集団の自己統治が人のつながりが生み出す力によって営まれるということは、個々の地域や集団を構成している人たちの間に、そしてまた、それら地域や集団の間に、相互依存と相互補完の関係作用が働いていることを意味するからです。こうした人と人の、地域と地域の、集団と集団の関係作用が生み出す力の効用を自己統治面に引き寄せてみますと、その関係作用の活発化は自治行政のあり方にも大きな影響を与えていくと考えられます。

　この論理から、主体同士の関係作用が活発化していくとすれば自治行政は一歩前進し、また、自治行政が充実していけば主体同士の相互関係作用はさらに活発化していくという、相互に好影響をあたえあう「シナジー効果」を生み出していくことになるでしょう。

　要は、そのシナジー効果が間断なくみられる状態をどのように創造し維持していくか、そのことが重要なのです。なぜなら、主体間の関係作用によって生まれるシナジー効果は自治行政の望ましい姿を作り出していくからで、ここでは、そのようになるプロセスの論理的説明をしていかなければなりません。

　すなわち、自治を営む主体は、単一の主体の連立からなり、連立主体の自治は、根源的には複数の単一主体の自治力によって、実践的には単一主体間の連携協力である「協治力」によって営まれる、という論理で説明できるからです。

　そうした観点に立って自治行政を捉えていくと、それは複数の主体間の相

互関係作用による外延的自治、いわば個々の主体が得意とする能力や資源を発揮しあいながら自己統治していく「協治」という、外延的自治概念を包摂していると言えるからであります。

とはいえ、「協治とはなにか」については、いまだそれほど広く認識されてはおりません。なぜでしょうか。協治概念は現代の自治行政を捉える上でたいへん重要な意味をもつと考えられますが、これまでは個人の自治概念を敷衍させるだけで地域や団体の自治概念を規定することは事足りるとされ、敢えて「協治」という用語を使用してきませんでした。

しかし、いまや自治行政研究にとっては、協治という用語は理論的にも実践的にも非常に重要な意義をもつにいたっております。したがって、協治概念についての検討を等閑にすることはもはや許されない、そのような段階にきていると言えるのではないでしょうか。

というのは、現代社会に発生する諸問題は多様化・複雑化し、専門化してきておりまして、それゆえ、その問題の解決にあたっては、それぞれの問題領域のどれか一つでも影響力を発揮できる主体があれば、そうした主体の能力や資源を集約・活用していくことが不可欠となってきているからです。だから、単一主体の能力や資源で問題の解決ができない場合、自治行政はさまざまな能力・資源を有する他の主体との関係作用を通じて対処していかなければなりません。つまりは、多様な主体の能力や資源を動員して現代の困難な問題に立ち向かっていかなければならないということです。

この論理からしますと、自治行政は今後、さまざまの主体の関係作用が生み出す相乗効果によってどんな問題にも対応できる、そして総合的かつ安定的に解決処理していけるシステムを構築していかなければなりません。それこそが協治概念に立脚した自治行政の姿であります。ここではその姿を素描し、それが政治的、行政的、社会的にどのような有効性をもたらすのかについて、その理論的示唆を与えていかなければならないと考えました。

その意味でここでは、自治と協治の論理的関係を明らかにするとともに、

はしがき

それが自治行政の理論と実際の充実・強化にも寄与していくことを念頭において講究した次第であります。

　本書では、各主体が有する能力、資源、技能、時間等々を動員することによって、これまで解決不可能であった問題の解決処理が可能となる自治行政システムを考えることにしました。そして、それにはいかなる条件が必要か、その条件整備はどのようにすべきか、また、どのような理論に立脚した戦略をとっていけばよいか、等々について、自治と協治の論理的関係とそれらの相互関係作用から導き出されるシナジー効果を描き出し、それらによる自治行政の姿を構想してみたところです。

　以上の内容についての初出論稿は、以下に掲げるとおりです。

（荒木担当分）

　第１章　「協働と地方自治　〜自治の担い手の視点から〜」（日本地方自治
　　　　　学会記念講演　2014年11月15日　熊本県立大学）

　第２章　「分権・協治・協働が創り出す住民自治の世界」（熊本県山都町自
　　　　　治振興区代表研修講義　2013年２月６日　山都町清和総合支所）

　第３章　「日本における協働のまちづくり」（第５回アジア太平洋サミット
　　　　　実務者会議　基調講演　2003年11月９日　熊本市国際交流会館）

　第４章　「これからのコミュニティづくり　〜行政と住民の接点領域を活
　　　　　かす〜」（埼玉県コミュニティ研究集会講演　1980年７月15日
　　　　　浦和市・ときわ会館）

　第５章　「デモクラシーと効率性　〜協働型自治行政を通して考える〜」
　　　　　（熊本県立大学総合管理学部創立10周年記念論文集　『新千年紀の
　　　　　パラダイム　アドミニストレーション　上巻』所収論文　九州大
　　　　　学出版会　2004年５月10日発行）

（澤田担当分）

iii

第6章 「自治と協治」（書き下ろし）

第7章 「協働のまちづくりとは」（熊本県大津町協働の会研修会講演
　　　　2012年4月7日　大津町・文化ホール）

第8章 「地縁組織から近隣政府へ」（書き下ろし）

第9章 「「地方公共団体」から「地方政府」へ」（書き下ろし）

第10章 「自治の華ひらく協治の世界」（書き下ろし）

　なお、本書に盛り込んだ論稿の文章表現はすべて講演口調でまとめられております。それらは学会における記念講演をはじめとして、研究報告、市町村や都道府県といった地方自治体での講演や研修講義などのために準備した原稿が中心だからです。したがって、それらを講演口調に手直ししたり、図表を作成して理解しやすくしたりしたため、大幅に当初の原稿を加筆修正したところもあります。その点をお断りしておきます。なお、本書の刊行にあたり、学術図書の出版の難しい折にも関わらず、敬文堂の竹内基雄社長には本書の趣旨をご理解いただき、編集の労をいとわず多大なご支援いただきました。この場をお借りして厚く御礼申し上げます。

2017年9月
　　　　噴煙たなびく阿蘇五岳を眺めながら

荒木　昭次郎
澤田　　道夫

真・自治行政構想の奇跡
～自治の華ひらく協治の世界～

目　次

はしがき（ⅰ）

第1章　協働と地方自治
～自治の担い手の視点から～……………………………………… 1
はじめに（2）
1．農村自治と都市自治の体験（2）
2．地方自治の学問的地位（5）
3．社会的実践原理の掘り起こしと確認作業の研究手法（8）
4．行政サービスの生産協働体制と生産供給コスト負担区分の考え方（16）
5．コプロダクション理論に学ぶ（20）
6．「協働の基本条件」整備について（22）

第2章　分権・協治・協働が創り出す住民自治の世界………… 33
はじめに（34）
1．山都町がめざす「住民自治社会創造」のキーワード（36）
2．山都町がめざす「住民自治社会」の実現手段（42）
3．現代は「協治時代」である？（45）
4．分権化のすすめ（46）
5．協働体制の確立を目指して（48）
6．自治効率の向上は協治システムでこそ可能となる（52）

第3章　日本における協働のまちづくり……………………………… 55
はじめに（56）

v

1．まちづくり拠点としての「協働会館」（56）

2．「協働」という言葉の定義をめぐって（59）

3．「協働」に必要なプロポネント（proponent）＝まとめ役（60）

4．協働組織化に必要な条件（63）

5．協働組織の運営に必要な要件（64）

6．協働のまちづくりにみる「新たな公」との関係実例（66）

おわりに（72）

第4章　これからのコミュニティづくり
〜行政と住民の接点領域を活かす〜 ……………………… 73

はじめに（74）

1．コミュニティとは何か（75）

2．地域住民の意識と行動

　　―生きたコミュニティの生成方向を探る―（91）

3．コミュニティづくりをめぐる住民と行政（98）

4．コミュニティ行政に必要な住民感覚（習志野市の例）（101）

第5章　デモクラシーと効率性
〜協働型自治行政を通して考える〜 …………………………103

はじめに（104）

1．デモクラシーと効率性に関する研究背景（104）

2．協働型自治行政と契約行政方式との理論的交差（120）

3．協働型自治行政におけるデモクラシーと効率性との調和（127）

第6章　「自治」と「協治」
〜新しい公民協働のあり方〜 ………………………………131

はじめに（132）

1．「自治」と「協働」（132）

2．「ガバナンス」という言葉（137）

3．「自治」と「協治」（143）

第7章　協働のまちづくりとは
～社会の成熟化から見る協働の意義～ ……………………145

はじめに（146）

1．協働とは何か（146）

2．公共とは何か（148）

3．行政の変化、住民の変化（151）

4．協働のまちづくりに必要なもの（158）

第8章　「地縁組織」から「近隣政府」へ
～市民統治の実現に向けて～………………………………163

はじめに（164）

1．NPO法人と自治会・町内会（165）

2．コミュニティという言葉（168）

3．地縁組織の持つ機能（171）

4．地縁組織から近隣政府へ（173）

第9章　「地方公共団体」から「地方政府」へ
～自律的意思決定主体としての自治体を目指して～……181

はじめに（182）

1．自治行政における住民と自治体との関係（183）

2．相次ぐ自治基本条例の制定（186）

3．地方公共団体から地方政府へ（190）

vii

第10章　自治の華ひらく協治の世界
　　　〜新たな自治概念の展望〜……………………………………197

はじめに（198）

　1．団体自治と住民自治（199）

　2．これまでの自治の概念（202）

　3．もう一つの自治概念（206）

　4．外延的自治という考え方（209）

　5．自治の華ひらく協治の世界（214）

おわりに（219）

参考文献（221）

第1章　協働と地方自治
～自治の担い手の視点から～

はじめに

このたび、平成26年度日本地方自治学会が、ここ熊本の地において開催される運びとなり、たいへん光栄に思っております。じつは私自身、熊本出身でありまして、宮崎県との県境近くの生まれです。最近、大字小字の珍地名としてマスコミに取り上げられました【大字「島木」小字「日本国」】という呼び名の地区（平成26年1月15日熊本日日新聞）があり、その「小字日本国」の隣集落「小字峰」というところが生誕地です。九州山脈が連なり、いまでは谷間の過疎地とか限界集落とか呼ばれている典型的な中山間地です。

私は高校までを熊本で過ごし、以後京都・東京生活41年、そして2000年4月、Jターンをして再び熊本で生活するようになりました。再度の熊本生活も今年で14年目になりますが、それでも通算では熊本生活33年、京都・東京生活41年ということで、まだ県外で過ごした時間の方が長いわけです。この点、皆さんにとってはどうでもよいことですが、私自身にとりましては、どこでどのような社会生活を体験し、その体験からどんな問題意識を抱くようになり、それが私の研究生活にいかなる影響を与えるようになってきたか、という点と深い関係がありますので、敢えて居住地と居住期間に触れ、私の体験にもとづく田舎と都会の自治の捉え方と、その後の自治行政についての研究展開を振り返ってみることにします。

1．農村自治と都市自治の体験

（1）農村自治の実際

さて、私の出身地、いまや過疎地域・限界集落と呼ばれるようになっております「大字島木」（旧小学校区）という地域には、一集落10戸程度の集落が10箇所点在しております。小学校までの通学距離は、遠いところで1里から1里半もあり、しかも田んぼの畦道のような狭い砂利道ばかりでした。

第1章　協働と地方自治

　この地域の産業は、田畑を中心とする農業が主で、ほかには雑貨小売店が
３店舗、水力発電所の管理事務所、農協が存在していたくらいです。平地が
ほとんどない中山間地の農業は、階段状の、いわゆる棚田中心で、里山の尾
根伝いに農業用水路（井手）を敷設し、高いところから低いところの水田へ
水を落としていく手法がとられていました。だから、農業の生命線である農
業用水路の維持補修は大字単位の地元住民（各集落）の仕事となっていたの
です。また小字集落間をつなぐ生活道路の新設改良や維持補修は、道普請と
して地元集落の人々によってなされていました。加えて、当時の住宅の屋根
は瓦葺きではなく藁葺きや茅葺きがほとんどでしたので、それらの葺き替え
作業も集落単位の共同作業でした。また、田植えや稲刈りといった農作業、
生活用水確保のための湧水井川の清掃と管理、冠婚葬祭、寺社祭事なども集
落の共同作業で行われていたのです。そうした共同作業は地域住民の融和と
集落の維持保全と発展のためには不可欠でありまして、そのためのルールづ
くりやコスト負担は各集落の寄り合い（一回／月）で決められておりました。
すなわち、地域の生活に関わる問題は地域住民みずからが解決策を諮り、決
定し、その結果を自分たちの力で共同処理していく、という自治様式をとっ
てきておりまして、現在でもその寄り合い方式による自治活動は、典型的な
農村自治として展開され続けているのです。

　かつて、この地の人たちは大人であれ子供であれ、こうした自治様式を、
地域で暮らしていくための生活習慣として身につけてきたのです。しかし、
昨今では若い人や子供が減少してきていることと社会の変化に対応して、集
落の共同作業も少なくなっております。だが、月一回の寄り合い方式は今で
も続けられており、地域課題に対処していくこの様式は連綿として続いてい
るのです。

（２）都市自治の体験から

　私が東京に来て「これが都市自治の実際か？」と思いましたのは、代議政
治の行き詰まり現象を都政や都議会の問題に見たときでありました。そこで

は大規模政体であるがゆえに自分たちが選んだ代表らで決定し、決定した内容を専門の行政職員が遂行していくという間接的な自治システムを執っており、それが上手く機能しないのはなぜか、ということでした。それに対し、小規模政体の、世帯代表的性格を有しながらも各戸代表が決定作成過程に直接出席して地域課題を掘り起こし、その解決策を話し合いながら決定し、決定した内容を自分たちで遂行していくという、より直接的な農村型自治システムの方が上手く機能するのはなぜか、ということ、このように頗る対照的な、田舎と都会の自治現象に遭遇したからであります。

　地方自治制度としては田舎でも都会でも自治運営方式に変わりはないのですが、ただ地域問題に地域住民がどのような関わり方をしながら自治的役割を果たしているかという点では、田舎と都会における住民と自治体の、立場や役割意識に大きな差異があると感じたからです。田舎における住民は、生活の場ではより直接的な自治的役割を果たさざるを得なく、それに対して大都会における住民は生活の場の問題に関心を高めているとはいえ、自治的役割の遂行といった点からは未だ制度上の間接的な方式に依拠している面が強いのです。この点、自治規模の違いを反映し、住民と自治的決定拠点との間に身近性（親近性）の差が現れ、それが自治体の行政にも影響しているのではないかと思ったのです。

　東京生活を始めて数年後の1964年、東京オリンピックが開催されました。この頃私は勤労学生でありまして、働きながら大学で学ぶ生活をしていました。そういう状況にあったとき、「区民税の督促状」が区役所から熊本の実家の方に送られたわけです。この「税の督促状」が取り持つ縁で、私は区役所や都庁に出向き、何度も事情説明のやりとりをしました。そして勤労学生に対する税の免除方策はできないものかということを考え、地方自治や地方税に関する様々な文献に目を通すようになっていったのです。(2)

　ときあたかも、都庁や都議会の汚職問題が取りざたされており、それがマスコミにも大きく取り上げられて社会問題化し、地方自治に対する都民や大学生の関心も非常に高くなっておりました。そうした出来事と自らの問題と

4

第1章　協働と地方自治

を重ね合わせながら、半ば憤りに近い関心を私も都政に向けるようになり、地方自治の基本理念とか、その仕組みや運営方法のあり方について勉強していくようになったのです。私を地方自治研究に向かわせる契機ないし発端となさしめたのは、以上のような田舎と都会の自治の実体験をしたからであります。

2．地方自治の学問的地位

　しかし、当時、地方自治研究は学問的にはコンマ以下の取り扱われ方でありまして、政治学、行政学、憲法学（法学）、社会学など、確立された「学」の中の「一項目」でしかなかったのです。学問には上位も下位もないとは思いますが、位置づけとしては○○学のなかの「一節」か「一項」としてテキストで述べられていた程度でありました。全国の大学において「地方自治」を中心とする学部、学科、専攻課程を設置しているところは５指に満たない状態で、ましてや「学会」ということになりますと「地方自治」を冠した学会は存在していなかったのではないかと思います。

　今日では、この「日本地方自治学会」をはじめ、地方自治に関連する様々な学会が設立され、社会科学研究の宝庫として地方自治研究も隆盛を極めております。当時と現在を比べれば、地方自治研究には天と地の差があるようです。

（1）「自治」および「協働」研究への誘い

　学部時代の私のゼミ論文は「日本における婦人参政権獲得運動過程の研究」でありました。この研究に取り組む誘因としては二つありました。

　一つ目は、学部ゼミの研究課題は「政治過程の研究」ということで、各自が研究してきた内容を順番に発表し議論していく形式をとっておりまして、基本となる参考文献は、ペニマン著『ジ・アメリカン・ポリティカル・プロセス』（"The American political process"／ by Howard R. Penniman, Van

5

Nostrand, 1962）でありました。そして、それを輪読しながら進めていくのですが、あるゼミの日、その本の著者であるペニマン先生（黒人の学者）がゼミの指導教員に連れられて突然やってきたのです。ゼミ生6名は全員びっくり仰天しましたが、ゼミ指導教員は学生に対し、各自、英語で自己紹介し、これまで勉強してきたことを踏まえてペニマン先生に英語で質問しなさい、と指示されました。学生は二度びっくりしたわけです。

　私は慌てて質問内容を下手な英作文でしたため、人民の、人民による、人民のための政治の中でどれが最も重要な要素か、というようなことを質問しました。質問の趣旨が伝わったかどうか分かりませんが、ペニマン先生は即座に、バイ・ザ・ピープル（by the people）と答えられたのです。

（2）治者（支配）と被治者（被支配）の自同性

　その理由についてのペニマン先生の英語による説明はほとんど聞き取れませんでした。学生全員の質問が終わった後、ゼミの指導教員がペニマン先生の考えを要訳して下さいました。要するに「バイ・ザ・ピープル」には、政体を構成するメンバーが公正・公平に意見を述べ、それをまとめて社会運営のルール（規範）にしていく大本の役割があるからだ、ということでした。

　つまりは、人民（主権者）の意見によってルール（治者＝支配者）をつくり、被治者であり被支配者である人民は、そのルールに従いながら社会を運営していくので、この政治様式では、治者（支配者）と被治者（被支配者）は自同的となる（支配者の権力の淵源は、被支配者たる人民の主権にあるからだ）、ということでした。そして、それこそが民主政治様式の根本をなすのであって、民主政治ではピープルは自らの自主（主体）性と自律（自立）性の発揮が必須の条件になるから「バイ・ザ・ピープル」をもっとも重要視している、ということでした。

　つまり、民主政治様式を標榜するのであれば、性別に関係なくピープルとしての自主・自律性の発揮をすべての人々に認めなければならないわけで、その点、「自ら治める」という『自治』の概念とも一脈通じるものがあると

思ったのです。このペニマン先生との出会いが「性別に関係なく参政権を認めなければならない」という論文作成の一つの誘因になるとともに、自分のことは自分で処理していくという「自治」の研究にも繋がっていったのです。

（3）教訓としてのシェアリング（Sharing：分け合い）の哲学

　二つ目は、日本における婦人参政権に関する資料は国会図書館以外にほとんど見つからない状況でしたが、唯一、戦災に遭わずに貴重な当事者資料として保存されているところを指導教員から紹介され、その資料収集に当たったときのことです。その場所は東京・代々木にあります「婦選会館」および「日本婦人有権者同盟」というところでした。当時、市川房枝参議院議員が館長であり同盟の初代理事長でもありました。資料は禁持ち出しの貴重文書が多く、通いながら貴重資料を書き写す作業に追われていたのです。⁽⁴⁾

　そのような作業に従事していたある日、市川先生がお見えになり、ランチをご一緒したことがありました。食事しながら政談論議に耳を傾けておりましたところ、市川先生のお盆の上にある、ご飯、味噌汁、漬け物、焼き魚など、個別のお皿のうち、箸をつけられた皿は空っぽになっていくが、箸をつけられなかった皿は盛られた状態のままにあることに気づいたわけです。先生の食べ方は変だなと思っていると、市川先生は、あちこちの皿に箸をつけて食べている私に、箸をつけたお皿の料理は残さず食べなさい、少しでも残したら食材をつくった人や料理した人に申し訳ないし、満足に食べられない人たちもいることを考えなさい、と諭されたのです。

　たしかに食材も料理も人々が汗を流してつくっているわけで、そのようにしてできた食べ物を考えれば、他者とシェアできるような食し方を身につけていくことも一理あるし、残して捨ててしまうような食べ方はよくないということも理解できたのです。そういうわけで、市川先生は箸をつけたらその皿を空っぽにして次の皿の料理を食していく、そうした食べ方をするのだということでした。そこに市川先生の政治姿勢としての「シェアリングの哲学」を垣間見た気がします。「みんなが幸せに！」という目標を共有し、そ

れを達成していくには各人ができる範囲で協力連携していくこと、という市川先生の政治姿勢は、当時の私にとっては強烈なパンチでありました。

　他者のお陰で自分は生きていける、だから自分も他者の役に立つことがあればできる範囲で協力していくという相互依存作用や相互補完作用の原理を、ふつうの食事生活の実践を通じて学んだわけです。それ以降私は、人間は互いに依存しあい、互いに補完しあいながら生きていく「社会的存在」であると考え、相互依存や相互補完の原理を「社会的実践原理」と呼ぶようにしたのです。そして、この原理こそ性別に関係なく人々の社会生活における人間関係の根本法則ではないかと考えたのです。これが問題意識をもって参政権の研究に取り組む二つ目の誘因となり、それが後の協働研究にも繋がっていったのでした。

　以上、どんなインセンティブに突き動かされて論文作成に取り組んだかを振り返ってみました。それによれば、私の研究生活のスタートは、人々の社会生活の現場を貫いている原理の掘り起こし作業とその確認作業ではなかったか、と思いますし、その手法ももっぱら現場を観察・分析して論理を体系化していく作業であったといえるでしょう。

　この現場（体験）主義による研究手法は、今日までの四十数年にわたる私の研究生活におきまして一貫しております。私は常に、人々の生活現場における問題は誰によって、いかなる考え方に基づき、誰のために解決処理されているか、という観点から分析してきたつもりです。こうした問題意識と方法が、私の地方自治研究や協働研究の中心的柱になっていったと考えます。

3．社会的実践原理の掘り起こしと確認作業の研究手法

　「協働」も「自治」も、人々が社会生活を営んでいくうえでの、行為の規範ないし根本的な法則あるいは拠り所になるものといえ、社会生活における必然的な人間関係作用の規準ではないかと考えます。そこでつぎに、そのような「自治」や「協働」が展開されている地域社会や自治行政の現場を観察

し、そこで創意工夫されてきた手法と考え方に触れながら「自治」や「協働」の論理構成をみていこうと思います。そして、その論理構成には相互依存関係や相互補完関係がどのように組み込まれているかという視点から、「自治」や「協働」が社会的実践原理によって貫かれていることを先哲の研究に依拠しながらみていくことにします。

（1）ロバート A．ダールに学ぶ[（5）]

　私たちが暮らしている社会は右か左か、上か下か、白か黒かという、二分法的に決着つけられる規準だけから構成されているとは限りません。むしろ、両者が混在した状態のなかで人々は社会生活を営んでいるのではないか、と思います。若い頃、どっちつかずの決め方に対し早く白黒つけろと二分法的な考え方をとる場合も度々ありましたが、しかし、社会問題には様々な要素が含まれておりまして、それを解決していくには多面的な考察を加えていかなければならない、と思うようになってきました。たとえば、Ｘという問題は、Ａという要素を60％、Ｂという要素を30％、Ｃという要素を10％含んでおり、それらを勘案しながら解決していった方が、多くの人々にとって効果的かつ有益的でありまして、白黒はっきりさせて解決するよりも社会の多様な側面に配慮して解決策を講じた方が、社会の安定性確保と活性化に結びつくのではないかということです。皆さんも最適投入ミックスの「解」を探す研究でそんな経験をされているのではないでしょうか。

　かつてロバート・ダールは"Modern political analysis"（2 nd ed. Prentice–hall Inc. 1970）のなかで、多元主義の論拠として次のように云っておりました。「教育に影響力のある人が町づくりにも影響力があるとは限らず、ある人は教育には 7 の影響力があるが、町づくりには 3 の影響力しか発揮できない」と。

　また、こうも書いていたのです。一人の人があらゆる問題の解決に影響力を発揮できるとは限らず、様々な問題領域ごとに、影響力を発揮する人は異なるということ。要すれば、現代民主政治社会は「モノセントリック・ソサ

9

イエティ」（monocentric society）ではなく「ポリセントリック・ソサイエティ」（polycentric society）であって、人々は多様な価値観と能力をもって社会運営に参加している、だから今日では、一人の人がオールマイティで独裁的に社会を運営しているのではなく、多様な人たちの叡智と技法と資源を取り入れながら諸問題を解決処理し社会を運営しているのであって、そのような運営システムが現代社会には望ましいのではないか、ということです。ダールの研究成果であるpluralism、polyarchy、Who governs?の根底にはそのような考えと論理が横たわっていると受け止めたわけです。

（2）「自治」と「協働」にみる多元性

「自治」には、個人的自治とか集団的自治といった使い方や、私的自治とか公的自治という使い方があり、しばしばそうした使い方に出会います。また、「協働」には複数主体による共有目標の実現手段が含意され、単一主体による目標の実現手段は含まれていません。これらはいったいどういうことでしょうか。

そこで、自治や協働の機能と構造を理論的に説明する手段として、ロバート K．マートンの「中範囲の理論」を念頭におき、その概念を解剖してみます。

まず、「自治」について個人的・集団的と公的・私的という場合の内容にグラデーション（gradation）をつけてダイアグラム化し、自治の概念構造を考えてみましょう（図1－1）。

まず、連続体の一方の極に「私的性」をおき、他方の極に「公的性」をおいた長方形を図示し、縦軸左下の「私的性」100％状態から縦軸右上の「公的性」100％状態に沿って対角線を引きます。私たちが暮らしている社会は両極の中範囲にあり、その中は私的性と公的性が混在した状態であるのです。そこで、縦軸左側の私的性の極は個人が自由に、自らの問題を自らの考えで自主自律（自立）的に解決処理していく自治状態であると位置づけます。逆に、右側の極は、住民代表である議会が決定したことを、税金を使って行政

図1-1 公共性（私的性）の概念

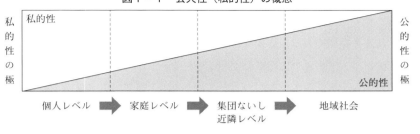

が法令に基づき解決処理していく自治状態であると位置づけます。そして、図示した対角線に沿って左から右に進みますと、長方形の中心は私的自治と公的自治とが半々に混在した状態を示し、この中心から左へ進めば私的自治の性格が強くなり公的自治の性格が弱くなる、右へ進めば公的自治の性格が強くなり私的自治の性格は弱くなる、というように示すことができるのです。

そこで、私たちの日常生活はどこでどのように展開されているかということを、個人レベル、家庭レベル、近隣レベル、集団レベル、地域社会レベルとして設定し、各レベルの自治活動と性格を勘案しつつ、連続体のどの辺りに位置づけられるかを考えてみましょう。

まず個人レベルでは、個人が自由に考え行動し、その行動結果には自らが責任を有するが、そうした自治活動は他者には影響しない範囲の、個人の気儘な活動として挙示することができます。そのような活動を連続体上にプロットすれば、それは私的性の極に最も近い私的自治活動と位置づけられるのではないでしょうか。

つぎの家庭生活レベルでは、その家庭の構成員にとって有効なルール（家訓）とそれに基づく家庭の自治活動（行動と責任）が、その構成員には求められます。しかし、他の家庭の人々にとっては当該家庭のルールと自治は有効ではありません。つまり、当該家庭の自治はその家庭にだけ有効なルールをつくり、それに基づき当該家庭だけに有効な自治を営むわけで、それ以外の人々にとっては、当該家庭に有効な自治は私的自治の性格をもつと見做されてしまい、その有効領域も当該家庭に限定されます。したがって家庭の自

治は連続体の中心よりも私的性寄りの左側に位置づけられることとなります。

　続いて近隣住区レベルの自治活動を考えてみましょう。これは個人や家庭レベルより空間的には広くなり、また自治機能的には個人や家庭の領域を超えて住区の人々にまで影響を及ぼす、かなり公的な性格を帯びた活動になります。だからといって当該住区の自治ルールが他の住区にも全面的に有効であるかといえばそのようにはなりません。それは各住区により住区の特性や自治ルールの決め方などが異なり、多様性があるからです。そのことを反映して、当該住区の自治運営には有効であっても他の住区の自治運営には有効でない部分もでてくるのです。しかしどの住区の自治活動も住区の公益性を追求する自治活動であることには変わりありません。その意味で近隣住区レベルの自治活動を連続体上にプロットすれば、それは連続体の中心よりもかなり右側の、公的性の濃い位置になると考えます。

　さらに集団・団体レベルの自治活動を観察してみましょう。ある活動を行うために組織化されたり結成されたりする集団や団体は、その活動の目的と内容によって私的性・公的性の濃淡は区々のようです。活動する空間や機能が狭小であっても、公（共）益追求活動（公的性）を前面に出し、私益追求活動（私的性）をしないと宣言したり、その証拠を活動内容の公開によって示したりするところもあり、それらの集団・団体の大部分はその設立趣旨や活動目標のなかに社会貢献を謳うようになってきております。その意味で集団・団体の自治活動を連続体上に位置づけるとすれば、連続体の中心よりもかなり右側（公的性寄り）に位置づけられます。しかし、当該集団や団体だけに有効であって他の集団や団体には有効でない、私的な自治活動部分もある場合は中心より左側に位置すると考えられますので、集団や団体の自治活動の性格は中心に近い左右の領域にわたっての、私益性と公益性を含んだ共益領域ということができます。

　最後に地域社会レベルの自治活動をみてみましょう。このレベルになりますと、その活動のほとんどは地域の課題を掘り起こしてその解決策を図り、地域社会の円滑な運営と維持発展のための、自治活動となっているようです。

第1章　協働と地方自治

それゆえ、地域社会レベルの自治活動は、個人、家庭、近隣、集団や団体の各レベルの自治活動の公的性を超えて、その性格をさらに強くした自治活動である、と見做すことができますし、地域における住民自治の基盤を形づくるものとなっているようです。したがって、連続体上でみれば、その自治活動の性格は公的性の極に近い一番右よりの領域に位置づけられるのではないか、と考えます。

　以上、「自治」について、その目的と活動内容から公・私の性格づけを行い、連続体上に自治活動主体の位置をプロットしてみますと、どの主体はどのような理由で、どの辺りに位置づけられる自治活動主体であるか、大雑把ではありますが概略明らかにすることができるのです。

　公・私の位置づけを考える場合、今一つの捉え方としてサービスの分類手法からアプローチする考え方があるようです。私たちは、政府が提供する行政サービスを「公共サービス」と見做しています。それは、そのサービスの生産と供給にかかる費用はすべて税金で賄われていると考え、また、利害の統合も市民意思を介してなされ、諸価値の権威的配分も合理的になされてきた結果のサービスと受け止めてきたからです。しかし、こうした捉え方は一面的すぎます。公的領域と私的領域の間でさえ相互作用が働き、政府サービスの生産供給には公務に従事する人や税金だけでなく、民間のエネルギーや資源も投入されて生産供給されているのです。

　この現実をみると、公共サービスは政府が公務従事者の手により税金を投入して生産供給するもの、といった概念では説明しきれなくなります。この点を明らかにするため、サービスの生産供給過程に投入される諸資源の性質を分析し、また、サービスの消費側面における特質を析出して、それらをダイアグラム上に任意に配置してみせた手法がありますので、その内容を紹介し参考に供するとしましょう。そのうえで最適投入ミックスという課題に取り組んでいく必要があると思います。

13

（3）エマヌエル S．サバスのサービス分類法に学ぶ[6]

コロンビア大学のエマヌエル S．サバス教授は、政府サービスには実に多様なものがあり、それらを消費特性からみてどのように分布させることができるかという視点から、図1－2のようなダイアグラムに配置して見せました。

このダイアグラムについて簡単に説明しておきましょう。エマヌエル S．サバスは四角形のダイアグラムを描き、それぞれのコーナーに財のもつ特性を配置して図1－2のような「消費特性からみた財やサービスの特性分布」を示しています。

この図によれば、左上コーナーは店舗に陳列されている商品で、消費者個人は誰でもお金を出して購入できる、という意味で民間（私的）財といわれます。しかし、お金を持っていかなければ売ってくれないので、排除性の高い特質をもつサービスであると言うことができます。

右上コーナーは電気・ガス・水道・有料道路・電話などのように、一定料金を払えば誰でも消費可能なサービスであり、お金を払えば誰でも消費できるが払わなければ排除されます。その意味で民間財と同様に排除性をもちま

図1－2　消費特性から見たサービスの特性分布

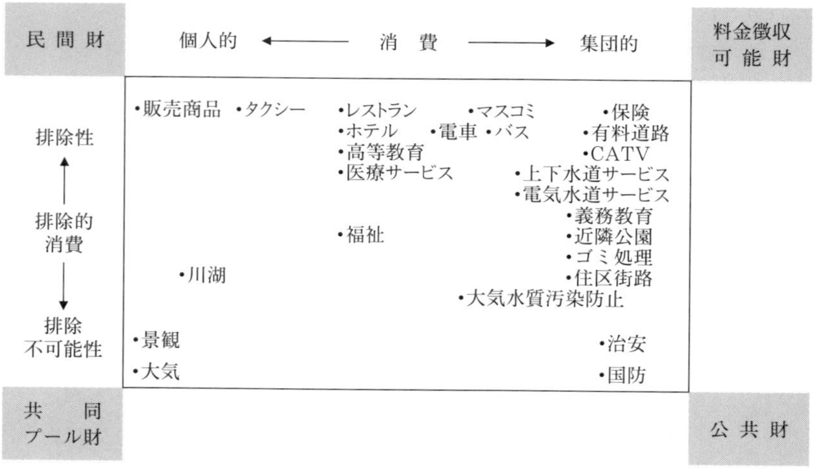

民　間　財	個人的 ← 消　費 → 集団的		料金徴収可　能　財
排除性 排除的消費 排除不可能性	・販売商品 ・タクシー　・レストラン　・マスコミ　　・保険 　　　　　　　　　・ホテル　電車・バス　・有料道路 　　　　　　　　　高等教育　　　　　　　・CATV 　　　　　　　　　医療サービス　　　・上下水道サービス 　　　　　　　　　　　　　　　　　　・電気水道サービス 　　　　　　　　　　　　　　　　　　・義務教育 　　　　　　　　　・福祉　　　　　　・近隣公園 　　　　　　　　　　　　　　　　　　・ゴミ処理 　　　・川湖　　　　　　　　　　　　・住区街路 　　　　　　　　　　　　　・大気水質汚染防止 ・景観　　　　　　　　　　　　　　　　　・治安 ・大気　　　　　　　　　　　　　　　　　・国防		
共　　同プール財			公　共　財

14

すが、どんな人々や集団でも平等に消費できるという点で、共同（集団）消費財としています。

　左下コーナーは、大気、海、湖沼、緑、景観などのように特定供給者はいませんが、消費者個人がお金を払う必要もなくて楽しめるサービスであり、後世に残し受け継いでいくべき人類皆のもので、当然のことながら排除性は働きません。それをここでは共同プール財といっています。

　右下コーナーは、国防、警察、環境汚染防止のように、すべての消費者が皆、お金を払わずにそのサービスを受けられる、つまり、排除性なくして皆がサービスを受けることができるという意味で公共財と呼んでいるものです。

　この図の、いま一つのポイントは、各コーナーの位置づけとは別に、このダイアグラムの横線と縦線に付与されている意味づけです。この点について若干触れておきましょう。まず、縦線はサービスの消費特性からみて排除性が働くサービスか、それとも排除不可能なサービスかということを示します。横線は個人的消費のものか（潜在的な消費者がサービスの供給を拒否される性質のものか＝排除性）、それとも共同集団的消費のものか（サービスの量と質を損なわずに多くの人が一緒に消費することができる性質のものか＝共同性）ということを示しています。これら縦・横のもつ意味はサービス分類の指標の意味をもつといえるでしょう。

　以上のことから、ダイアグラムの横線は左から右に向かってサービス消費が個人的から集団的になっていくことを示し、縦線はサービス消費の排除性が上から下に向かって〈排除性が強い→排除不可能性へ〉を示しているのです。

　サバスのサービス分類手法をつぶさにみていくと、ダイアグラムのなかにプロットされている様々なサービスの位置にも、それ相当の意味と理由がありそうです。たとえば、公共的サービスは誰もがサービスを受けられる共同的消費の性質と排除不可能的消費の性質をもつもの、ということができます。しかし、政府サービスとか行政サービスとか呼ばれる公共サービスの中には、上の説明から消費における「排除性の濃淡」と「共同性」との組み合わせに

よって幅があり、「公共性」の強いサービスかどうか、あるいは住民と行政との協働によるサービスの生産供給が成り立つかどうか、という課題も提起しているようです。

　たとえば、自治行政が提供しているサービスの中には

　①共同的消費の性格は強いが排除的消費の性格は弱いサービス

　②共同的消費の性格も排除的消費の性格も強いサービス

　③個人的消費の性格が強く、排除的消費の性格も強いサービス

　④個人的消費の性格は強いが排除的消費の性格は弱いサービス

があり、それぞれのサービスにはその消費の特性の組み合わせからみて「公共性」に強弱がみられるようです。このことはサービスの生産供給体制や費用負担のあり方と、住民と行政とがどのように協働しコスト負担しあっていけばよいかということの問題も提起していると思います。この点に従来の公共サービスの概念を一歩前進させ、自治行政学としての基盤形成にそれが寄与しているといえるのではないでしょうか（現場における最適投入ミックスの更なる追求）。

　では、自治行政の現場ではその点をどのように受け止めて対応しているのでしょうか。つぎに、サービスの協働生産体制とコスト負担のあり方を、自治行政の現場の取り組み状況から接近してみましょう。

4．行政サービスの生産協働体制と生産供給コスト負担区分の考え方

（1）レークウッド・プラン[7]と日本の自治体の考え方

　サービスの分類方法から得た知見をもとに、再び連続体概念に立ち戻って考えてみましょう。日本の自治体の中には行政サービスの性質に応じてその生産供給体制とコスト負担のあり方を模索しているところもあるようですが、具体的に取り組み、成功している自治体を聞いたことはありません。

　私がこの問題に関心を抱きましたのは、ロングビーチ市の後背地に位置す

るレークウッド市が、コミュニティから自治体になるときに工夫した契約行政方式を調査したのがキッカケであります。財政基盤の貧弱なコミュニティでも自治体になれる方式として全米に広まった方法で、「レークウッド・プラン」と呼ばれ、州のサブディヴィジョン・コントロールに対する自治体の工夫として編み出された対応方法です。

　簡単にその内容を紹介しておきましょう。契約行政方式とは、法人格を持たない地域のコミュニティが、法人格を取得して自治体になりたい場合に、そのための諸条件を整え、州議会の承認を得るために工夫開発した自治行政の運営方式です。問題は、自治体になる一定条件の中に、それまでカウンティが提供していた行政サービス水準を下回らないことという州の統制条件があり、この条件をクリアするための工夫だということです。日本の自治体のように総合的に行政を行うのではなく、アメリカの場合は基本行政を除けば、後は選択的に対応していくことが可能ですので、その点、コミュニティ住民の同意を取り付けていけばよいわけです。それでも初めて自治体になって税目、税率を設定し、カウンティ行政サービス水準を下回らないように専門職員を雇い、サービスの生産供給を行っていくことは、自治体運営としてはたいへん厳しい面があるのです。この困難を乗り越えていかなければ自治体になれないわけで、その便法として編み出されたのが、個別の行政サービスを、カウンティをはじめ、周りの自治体、民間団体、地域住民組織などと契約して生産供給していく方法です。これによれば、一自治体として丸抱えで生産供給していくよりも経費は半分近くですみ、その分、税金は安くなり、住民の支持も得られやすくなり、住民自治の充実強化に繋がるという特徴があります。要は、どんな行政サービスであれば、どのような主体と契約できるか、契約といえども一種の協働であるわけで、経費面だけでなく、専門的な知識や技能面、さらには、自治充実面にも配慮した契約先の選び方が求められるのです。この方式はいわば協働型自治行政の一つのパターンともいえるものですが、日本の自治体の場合はどうでしょうか。下図1－3、1－4で見てみましょう（神戸市・秦野市・多摩市の取り組みを参考）。

先に、コミュニティから自治体になって自治行政を運営していく方式をレークウッド市にみたのですが、日本の自治体の場合はどのような考え方で取り組もうとしているのでしょうか。次の二つの図は日本の自治体におけるサービス分類と生産供給コストの負担区分の考え方を示したものです。図1-

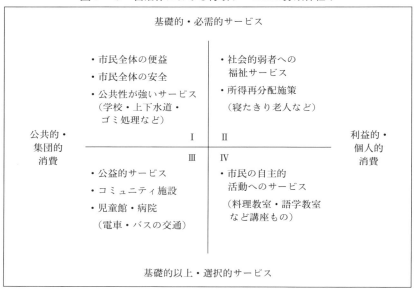

図1-3　自治体における行政サービスの分類枠組み

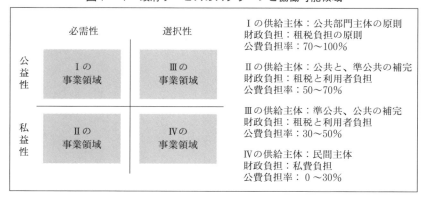

図1-4　政府サービスのスクリーンと協働可能領域

図1-5　行政サービスの生産協働体制とコスト負担区分の概念

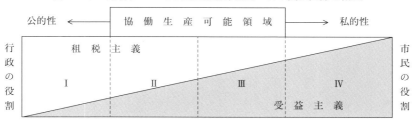

　3は人が暮らしていく上で必需的なものと選択的なものを縦軸にとり、横軸は消費面からみて公益的か私益的かを表しているもので、両者をクロスさせて各象限に該当する性質の行政サービスを配置して見せたものです。図1-4は、そうしたサービスの生産供給に要する費用負担を各象限の事業領域の性格に合わせて区分したものです。こうした日本の自治体の考えは、先のサバスのサービス分類方法によって導き出されたサービス生産協働体制・コスト負担区分のあり方や契約行政方式でのサービス生産協働体制・コスト負担のあり方においてみられた多元的主体の自主自律性発揮や各主体間の協力連携の考え方とオーバーラップするところがあるのではないでしょうか。そのことを、連続体概念を借りて図1-5で示しておきましょう。
　これは、公的性の強いサービスは行政がイニシアティブをとって生産供給し、逆に、私的性の強いサービスは市民がイニシアティブをとることを示しています。中心の縦線から、左側では行政が、右側では民間がイニシアティブをとりつつ、費用負担も租税主義主導か受益主義主導かの観点に立ち協働していくのです。ここではⅡとⅢの領域を協働生産可能領域としています。

（2）「公・私」の連続体にみる手段概念としての「協働」と「自治」の関係

　「協働」は複数の主体が協力連携して共有目標を達成していくための手段であり、組織的集団作業として位置づけられます。つまり、「協働」はあくまでも手段概念であって目的概念ではないということです。
　そこで、先の連続体に位置づけた各主体の私的自治性と公的自治性の強

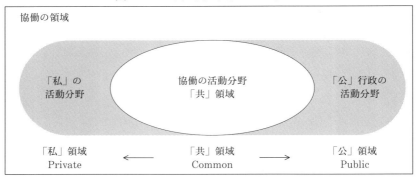

図1−6 「公・共・私」領域の考え方

弱やその有効範囲の広狭を考慮にいれて（図1−6）、ある問題の解決にあたってはいかなる主体がどういうやり方でイニシアティブをとっていけば、「協働の効用」は大きくなり、自治の充実・強化に結びつくか、について、コプロダクションの理論を参考に考えてみたいと思います。

5．コプロダクション理論に学ぶ

　地域社会が直面している問題を複数の主体が掘り起こし、それらの主体が互いに知恵を出し合い、地域住民の声を聞いて地域社会の目標を設定し、その目標達成のために協働していくことを「組織集団的自治力」と呼ぶことにします。そして、この組織集団的自治力が強まっていくことを「協働の効用」と位置づければ、そこに「協働」と「自治」の不可分の関係性があるのではないかと思うのです。

　このような論理関係を教えてくれたのは、ヴィンセント・オストロム教授が提唱した「コプロダクション」理論でありました。ヴィンセント・オストロム教授によりますと、この考えはヴィクター・フクスの「サービス経済における生産性向上に関する研究」において「サービス生産はその正規生産者だけで生産した場合、その生産性向上にはすぐに限界が生じる。それを乗り越えるには、サービスの消費者である非正規生産者を生産過程に参加さ

せ、正規生産者と非正規生産者とが一緒になって生産に従事した方が生産性は向上する」（Victor R. Fuchs, "Service Economy", Columbia University Press, 1968）という論理に触れたからである、ということでした。

　すなわち、サービス産業における生産性研究がわれわれに与え続けている一つの教訓は、その生産過程における協働行為者としての消費者の重要性です。この点は財生産産業における生産性の分析では省略されています。たとえば、自動車産業の生産性は運転者が利口であるかどうか、あるいは運転者が注意して運転するかどうか、ということには左右されません。しかし、サービス産業の生産性に関していえば、消費者はその生産に重要な役割を果たしているのです。

　さらに、ヴィクター・フクスの生産性研究は政府が給付するサービス分野にも援用できるのではないか、と考えたのが、ワシントンD.C.にある都市研究所（the Urban Institute）の研究部長であったハーヴェイ　A．ガーンでした。彼はその点に関し次のように述べています。

　「社会的プログラムによってサービスされるべき顧客は、自らの福祉を高めてきた過程においてただ受身的に関わってきているだけとはいえない。健康、教育、所得などの向上を図ることは、サービスを給付する側の営為だけでなく、それを受けている人たちも関わっていることがわかる。それゆえに、顧客の福祉を高めるように構想されたサービスは、財が生産されるのと同じ方法では生産され得ない」（Harvey A. Garn and Michael Springer, Formulating Urban Growth Policies: Dynamic Interactions among people, place and clubs, The Urban Institute, October 1973）

　このようにコプロダクション（協働生産）に含意されている内容をみてくると、民間サービス部門だけでなく、政府が給付するサービスの生産過程にも、サービスの消費者たる市民の関与があってこそ、その目標たる生産性向上は達成されていく、ということが理解されるのではないでしょうか。この考えは「単一主体によるよりも複数主体による協働作業の方が生産性は高くなる」ことを示し、そのことは、協働の効用が大きくなって、協働に参加す

る主体の「自主自律性」の発揮にも繋がっていくから、と考えられます。

　この論理に基づけば、個人が集団や団体に加入し、それらの目標設定過程やその達成過程における役割責務について、各主体が積極的かつ自由に、そして公正・公平に意見を述べる機会が保障されるならば、個人であれ集団や団体であれ、協働体に参加することにより各主体の自治性と協働の効用は高められていく、と考えられます。では、そのためにはどうすればよいでしょうか。

　そこで次には、どのような協働体、つまり、組織集団的作業体制を整えていけば「協働の効用」は大きくなり、また、その構成員たる個人や集団・団体の自主自律性と自治力は強化されていくのか、について考察する必要がありますので、そのためにはどういった「協働の基本的条件」が必要かについて考えていくとしましょう。

6.「協働の基本条件」整備について

　先に示した「公・私」連続体の中心点における「公」と「私」の割合はそれぞれ50％です。ここを公私の利益を含んだ「共益性」の頂点と位置づけ、公と私の主体が対等な立場で知恵や技法と資金や労力を出し合うことを協働の基本的条件とし、その内容については参加主体が協議し決定していくことが前提になるということです。つまり、協働に参加する各主体が対等な立場で事前協議を行い、そこで協働のルールをつくり、各主体の役割（活動範囲）と責任を明確化していく、こうした基本条件を整えていく過程こそが協働と自治にとっては頗る重要になるということです。その基本条件としては何が必要であるかを明らかにしなければなりませんが、その前に、実際に自治体で展開されている協働がどのような問題を抱え、批判されているか、また、協働と自治の関係はどのような状態にあるか、を一瞥しておきましょう。

（1）自治体の協働政策の実際に対する批判

　現在、日本の自治体で取り組まれている協働政策は、公である行政が一元的にイニシアティブをとり、行政のルールに基づいて進めていく傾向が強く、そのため、協働に参加する各主体の対等性が確保されていない感じがします。だからしばしば、「協働」は行政の下請けとか、行政のコスト削減の便法ないし隠れ蓑とか揶揄され、本来ならば、自治の主人公である市民は行政を使う立場にあるのに、なぜ、行政と一緒に仕事をしたり行政に使われたりする必要があるのか理解できない、本末転倒ではないか、と批判されるのです。

　その原因を探ってみますと、直ちに次のようなことが指摘できます。組織集団的作業体制としての協働に参加する主体間に対等性が確保されていない、主体間に達成すべき目標の共有がなされていない、行政以外の主体は二重のコスト負担になっていることに気づかない、協議の場における参加主体の課題認識が区々である、各主体は社会貢献と労力提供を混同し、そのような協働に満足している、行政主体は協働を節約と効率面に焦点を当てすぎている、などがそうです。

　他方、協働の一主体であるはずの行政は他の主体と協議をし、協働目線でのルールをつくり対応していく経験に浅く、協働を既存の法令と前例踏襲で進めがちであるばかりか、行政事務局主導型の「協働」を推し進めようとするのです。これでは名ばかりの協働であり、真の協働体制は確立できないでしょう。

（2）批判を乗り越えるために

　「協働」という手段を駆使して地域社会の課題を解決処理していこうとする場合、そのような批判は一つ一つ乗り越えていかなければならないのですが、それには協働の仕組みづくりと、その運営の基本的条件を整えておくことが必要であります。そこでつぎに、協働の仕組みづくりにはどんなことが必要か、その仕組みを動かす場合のポイントとなる点は何か、協働の担い手としてはどんな人材が求められるか、協働体制の運営にはどんな基本的ルー

ルが必要か、などについて考えてみます。この点、自治と協働を展開する不可欠の要件です。

まず第1は、多元的主体による協働の仕組みづくりをする場合に念頭におくべきことです。これには次の5点が基本的条件になると考えます。
①　各主体は目標の共有化を図らなければ協働できないということ
②　協働に参加する各主体は上下関係でなく並立・対等の関係であること
③　各主体は目標達成に向けて人材や業務を相互に補完しあう関係を確立しておくこと（各主体の異質性を認めて補完しあうこと）
④　各主体は協働結果に対する責任の共有化を確立しておくこと
⑤　各主体は互いに多様性を尊重しながら大きな目標の達成に勤しむこと

第2は、集団的作業組織としての協働の仕組みを動かしていく場合、どんな点に配慮すべきかで、これにも次の5点が基本条件となるでしょう。
①　目標達成のために異なる主体からなる組織をどのように編成していくかの原則を確立すること、たとえば類似・共通業務の集約化と異質多様な専門性を帯びた業務同士の協力連携を図り組織化していくという原則
②　多様な専門性を発揮しやすくする媒介機能を明確化し、その関係構造を明らかにしておくこと（図1-8のモデル2参照）
③　協働体を一つの経営体とみなし、その経営能力を評価すること
④　協働体の経営資金の調達方法を確立し円滑な目標達成につなげること
⑤　各主体間の専門的な知識や技法と情報の交換を促進し、目標達成に向けて互いに補完しあうこと

第3は、協働の仕組みを動かすのは「人」であるから、それにはどのような能力なり性格なりをもった人材が必要か、そしてそれらを発掘したり養成したりすることが基本条件となります。これには達成すべき目標内容にもよりますが、一般的には「七人の侍論」にみられる人材が求められましょう。

第 1 章 協働と地方自治

① こんなことをやったら良いのではないかと発案・提案する人＝
proposer or planner

② 様々な人材を目標達成に向けて牽引しまとめていく人＝leader

③ 問題の内容を考え、どうすれば効果的に解決できるかについて工夫・
調整し、組織成員を解決の方向に仕向ける知恵者＝deviser

④ 目標達成意欲が高く、異なる主体とも求同尊異の考えをもち大目標に
向かって一緒に汗をかく人＝facilitator

⑤ 目標達成のための集団的作業を側面から援助するかたちで協力してく
れる人＝supporter

⑥ 社会の動きと人々の暮らしを鳥瞰し、問題解決が特定方向に偏らない
ようにバランスをとって進める能力のある人＝intermediator

⑦ どんなに立派な提案でも同調したり支持したりする人が増えなければ
それは成就できません。だから提案に賛同し、一緒になってそれを進め
る人＝sympathizer（提案同調者）の輪を広めていく必要があります。

　第 4 は、行政から独立し、自主自律的な協働体を有効に、そして効果的に
動かしていくためにはそのためのルールが基本的に必要です。とくにここで
いう協働体は異なる主体の集合体であるだけに、その運営ルールが確立され
ていなければ目標達成に向けての集団的作業組織は動かなくなります。では、
どんな内容を盛り込んだルールがそれには必要でしょうか。協働政策が行政
の下請けと批判されないためには、なによりも自主自律的な組織編成である
こと、組織の活動目的を謳うこと、組織の意思決定の方法を明示しておくこ
と、等々を列挙しておく必要があります。なお、「組織」は新体制の協働組
織を指します。

① 「組織」の名称を謳うこと

② 「組織」への参加資格を明示すること

③ 「組織」の構成員（個人・集団・団体）を明示すること

④ 「組織」の活動目的を明らかにしておくこと

⑤　「組織」に参加する各主体の協定締結事項を示しておくこと

⑥　「組織」事務局の役割と責務を事務分掌規程で示すこと

⑦　「組織」の構成を明示すること

⑧　「組織」の総会ないし全体会の役割を規定しておくこと

⑨　専門分野別のワーキング・グループ設置に関する規定を明示すること

⑩　「組織」運営委員会の設置規程と役割機能を明示すること

⑪　「組織」の役員選出方法とその役割規程を明示すること

⑫　「組織」の意思決定の方法を明示しておくこと

⑬　「組織」の活動内容を一般市民に情報として提供すること

⑭　「組織」運営会議の公開に関すること

⑮　「組織」の会議運営に関するルールをつくってオープンにしておくこと

⑯　他の主体との新たな協働の輪拡大の協議に関すること

⑰　その他社会的要請への対応に必要な事項に関すること

　以上、４点にわたって組織的集団作業体制としての協働に関する基本的条件を例示してみました。おそらく、これらを整えていくことは簡単なようですが容易に作れるものではありません。とくに重要な点は、協働に参加する各主体が互いに自治性を尊重しあい（求同尊異の精神を発揮すること）、各主体からなる協働体としても内発的な自治の充実・強化を促し、その発揮へと繋げていく点にあるということです。それは、協働行為者が協働の基本的条件を整えていく過程で必然的に身につけていく効用かもしれません。この点、農村自治に見られたように、人々の日常生活に不可欠な相互依存と相互補完の活動を通じて、地域社会の維持と融和と発展を図りながら、生活感覚で身につけていく活動様式と同じ効用ではないかと思うのです。その意味で最後に、組織的集団作業体制としての「協働の仕組みモデル」を示し、協働と自治の実際を社会的実践原理として理論的に説明する構図を示して終わりたいと思います。

　図１－７のモデル（１）は、戦災に遭わないで木造長屋風の家並みと消防

第1章　協働と地方自治

車や救急車も通れないような細路地の街を火災や水害や震災から守るために立ち上がった、大学生グループの「わいわい会」と向島地域の各町会との協働体制で、行政とは直接連携せずに提言しながら行政をリードしていく〈民・民主導の協働組織〉です。活動目標は各町会の防災カルテづくりと街状況に関する「瓦版」の月一回の発行で、参加者は必ず「一言を言う」こと、互いに街の防災について気づいた「アイディア」を「わいわい」云いながら意見交換していくこと、といった活動を展開していく協働組織です。

　もとより、墨田区としては戦災に遭わなかった地域の街並みや細路地住宅地の災害危険性を強く認識していて、都市政策的にも対応しなければならないと考えていたのですが、当該地域で長年にわたって生活してきた住民たちの考え方と墨田区行政の政策方針との間にズレが生じ、区としてはしばらく様子をみる状態にあったのです。ちょうど、そういうときに大学生グループの「わいわい会」が防災まちづくりの研究の一環として街状況を調べ、かつ、地域住民の防災まちづくりに対する意識調査を実施したのです。その結果を踏まえて、向島1丁目から8丁目にかけての白地図上に、単なる危険箇所の

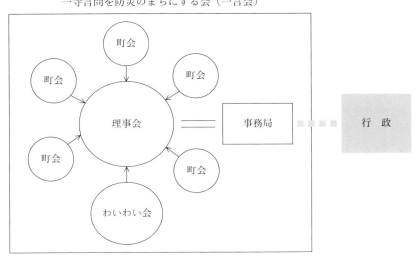

図1-7　協働の仕組みづくりモデル（1）
　　　―寺言問を防災のまちにする会（一言会）

指摘だけでなく、住民の意向や地域の歴史・文化を掘り起こしてプロットしていく活動にしたのでした。

　そして、防災上の問題を明らかにしていくとともに、その解決策をめぐって意見交換していったのでしたが、どうしても当該地域の日常生活者である町民の声を反映させなければ有効な防災まちづくりはできないと考えたのです。そこで「わいわい会」のメンバーたちは、1丁目から8丁目にかけての町内会にそのことを伝え、一緒に防災まちづくりについて考えていきましょうと働きかけました。その結果、行政の考えにはネガティブであった各町会も学生の申し出には素直に耳を傾けてくれたのです。これが防災のまちづくりにおける民・民協働のはじまりで、この協働によって得られた内容をまとめて行政に提案していく方法を採っていったのです。

　図1−8のモデル（2）は、習志野市と多摩市と世田谷区における地区担当職員制度とそれに対応する地域住民側の活動組織との協働を参考にしてモデル化したものです。行政組織は職務分掌規程にそって定められた業務を処理していく、縦割的で部分的な業務処理組織であります。それに比べ、住民が生活している地域の社会現場は多様な問題をかかえ、それに対応して住民の活動組織も多岐の領域にわたる「総合性」を有し、しかも横割的であります。この部分と総合、縦割と横割という対応関係をなくしていかなければ、地域社会の問題を解決処理していくことはできません。そのためには両者を調整し、地域社会の課題認識を共有して課題解決に向かう組織的集団作業体制としての協働のしくみが必要となります。つまり、行政も地域社会の総合性を身につけ、地域住民と連携していくことが前提条件となる、ということです。それには、行政側は行政の各部門からなる地区担当チームをつくり、地域住民と課題解決に向かう媒介構造を設定して対応していかなければなりません。なぜなら、行政側が総合的にA地区のことを把握しようとすれば、各部・課から一名ずつのA地区担当職員を任命して一つのチームを編成し、A地区の問題掘り起こし、その原因究明、さらにはA地区住民と意見交換をしていかなければ、A地区にとっての有効な方策も導き出せなくなるか

第1章　協働と地方自治

らです。

　一方、住民側も地区の自治会や町内会といった地区代表組織だけでなく、専門的能力を発揮する社会貢献集団や団体に加えて、子供会、PTA、婦人会、老人会などとの連合組織を編成し、多様な英知を反映させながら行政側と協議をして共通認識を深めていく、そういった媒介構造としての協働体制の整備が必要です。つまり、各主体が自主自律的に、各立場の専門性を尊重し、対等にその能力を発揮しあう協働組織をつくり地域課題に対処していくのです。その姿を具体的なかたちとして例示したのがモデル（2）の図です。

　以上のように、地域社会を構成する様々な主体と行政とが叡智と能力を発

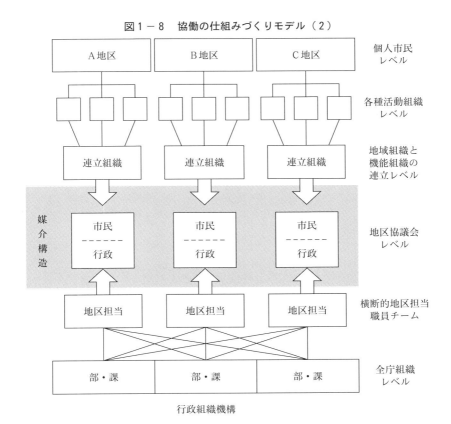

図1-8　協働の仕組みづくりモデル（2）

揮しあう組織集団的作業体制を構築していけば、主体間の相互依存関係作用と相互補完関係作用の実際が目に見え、自治力強化とともに自治行政の３Ｅ（経済性・効率性・有効性）の確保と地域住民の自主自律性の発揮や行政に対する信頼と満足が得られる、そのような地方自治へと成長していくことでしょう。以上、自治の担い手の視点からみた「協働」と「自治」の理論的相関関係を考えてみました。

　ご清聴有り難うございました。

　（学会での記念講演の内容とズレないよう纏めたために、文章も講演調になっております。そのことをお断りしておきます。）

【注】
（１）地元紙「熊本日日新聞」（平成27年８月９日付）は、珍地名として知られる小字「日本国」の状況を取材し、土地の歴史への関心の向上、自然や歴史を学ぶエコスクールの開催、「日本国公園」の整備、などを通して、町内外の人たちが楽しむ活動内容を紹介している。
（２）勤労学生に対する税免除制度は昭和26年度において制定されていたが、その制度自体の存在や申告様式と手続きが知られていなかった。その点を踏まえて勤労学生たちは国会請願を行い、昭和37年度から分かりやすい制度に改正され、筆者もその恩恵をうけることができた。
（３）このような捉え方は当時、地方自治の現場で働いておられた高寄省三氏もしておられた。高寄省三『地方自治の再発見』勁草書房（1981）の［はしがき］において述べられている。
（４）当時は今日のようにコピー機は普及しておらず、したがって禁持ち出しの資料は現場に行って書き写すのを常としていた。
（５）Robert A. Dahlの "Modern Political Analysis" は多くの国の大学において政治学の教科書として用いられているが、版を重ね改訂していく度に内容も書き替えられていた。私は第一版から第四版にかけて20年近く「外国書研究」の教科書として使用していた。ダールは多元主義、多頭政といった側面から民主政治を考究した学者であり、ニューヘブンの実態調査を踏まえた著書『統治するのは誰か』はコミュニティ・レベルでの寡頭政治に対する自治論的反論と受け止めた。
（６）コロンビア大学のE. S. Savas教授はニューヨーク市の行政改革についても民営化問題で助言者的役割を果たす一方、70年代から80年代にかけては合衆国連邦政府の行政改革委員をつとめ、行政サービスの性質分析を行って行政サービスを

第 1 章　協働と地方自治

　　分類し、民間主体との協力連携によるサービスの生産供給のあり方を示すことに
　　大きく貢献している。
（ 7 ） Lakewood PlanとSubdivision controlについては日本ではあまり研究されて
　　いないようである。Lakewood PlanはLakewood communityが法人格を取得し
　　て自治体になるときの方策のこと、また、これまでのカウンティ・サービス水準
　　を下回らないことを条件に、州がコミュニティに法人格を与えるという、いわば
　　州のコミュニティに対する統制要件のことをSubdivision controlといっている。

31

第2章　分権・協治・協働が創り出す住民自治の世界

はじめに

　山都町におかれましては現在、住民主体によって豊かな地域生活を創造していきましょうという、いわば住民自治の充実・強化を念頭においたさまざまな政策を考えられているようです。地方自治の発展方向から考えますと、すばらしい展開だと思います。

　このたびはその一つの手段として、山都町を形成している伝統的な地区単位（旧小学校区）を基礎に「自治振興区」を設け、その一つ一つの地区が有している伝統文化と資源や力を掘り起こし、それらを連結させながら「活力ある中山間地域」に育てていこう、と構想されているようです。

　日本国土の約70パーセントは中山間地域でありまして、こうした方向性をもつ政策展開は全国各地でみられます。昭和48年頃から取り組み始めた静岡県掛川市をはじめ、愛知県額田町（現在岡崎市）、三重県藤原町、徳島県上勝町、北海道ニセコ町、岩手県遠野市、福岡県宗像市、宮崎県諸塚村など、多くの自治体に見ることができます。なぜ、こうした政策が全国各地で見られるのでしょうか？　それには大きく分けて二つの理由があるように思われます。

　一つの理由は、日本の歴史を繙いてみると分かるように、日本に地方制度が設けられる前の自然村状態から、地方制度制定の前奏曲ともいえる大区・小区の制度制定にかけて、当時の地域における「自治」がかなり有効に機能していたということです。つまり自分たちの地域は自分たちの力で創り上げてきたということです。このたびの山都町における「自治振興区」構想はそうした地域自治の有り様を彷彿させる姿で、それへの回帰ともいえるものであり、この方策が住民自治の充実・強化に最もよく結びつくと考えられるからであります。

　今一つの理由は、社会が進歩発展し、それに伴って地域住民の意識や価値観が自主自立の方向へ大きく転換してきたこと、中央集権的政治行政の運営

第 2 章　分権・協治・協働が創り出す住民自治の世界

に限界が見えはじめ、財政運営や行政運営に行き詰まり状況が出てきたこと、
さらにはその状況から脱皮していくには多様な主体が公共を担っていけるよ
うな分権化政策が必要になってきたことなど、経済社会の変貌への対応があ
げられます。

　こうした対応は日本だけでなく世界的に取り組まれており、そのポイント
は、これまで「一元的に公共を担ってきた行政の限界」をどのようにして乗
り越えていくかでありました。それには国がもっている権限を地方に移譲
するという単なる垂直的分権だけでなく、「公共を担うという目標」を共有
できる、町内会や自治会といった地域組織をはじめ、ボランティアやNPO、
福祉や環境等の活動を展開する機能的組織等々への分権化も必要、との考え
も浮上してきたからであります。

　つまり、行政以外の主体が有する「能力・知識・技能・ノウハウ・諸資
源・時間や労力」など、行政が持ち合わせていない諸資源の力によって「公
共」を担ってもらう、あるいは補完してもらう、場合によっては主導しても
らうという水平的分権の必要が出てきたということです。

　この水平的分権には一般市民が関わりやすくて参画しやすい面があります。
したがって、それらへの権限委譲には住民自治社会の創造にとって国から地
方への権限委譲である垂直的分権よりも、目標を共有できる多元的主体にも
権限委譲する水平的分権の方が自治的有効性は高くなると考えられるのです。
いずれにせよ、先進諸国においてはそれら双方への権限委譲を進めなければ、
今日の行き詰まり状況は打開できないのではないか、と考えられてきたので
した。

　この理由を並べてみますと、第 2 の理由である社会変貌への対応としての
地域自治の充実・強化は第 1 の理由である大区・小区における地域住民の自
治発揮への回帰のようにも受け止められます。今日はそのあたりを頭に入れ
て、山都町が取り組もうとしている、あるいは進めようとしている「住民自
治の世界の創造」とそれが有するいくつかの重要なポイントについて話をし
ていこうと考えております。

35

1．山都町がめざす「住民自治社会創造」のキーワード

　では、山都町が目指す「住民自治社会」とはいったい、どんな社会でありましょうか？　表題に掲げました目標としての「住民自治社会」を実現していくためには当然のことながらいくつかの手段が必要となってきます。

　それらにはさしあたり、①地域住民の〈自分のことは自分で処理する〉という自律（自立）性に基づく地域社会的力の確立、②他者の意見を尊重して合意形成を図っていく民主政治の成熟化、③多様な公共の担い手への分権と協治・協働の体制づくり、そして④新たな公共への取り組み、といった四つのキーワードで示すことができます。

　そこでまず、話の順序として、「住民自治社会の創造」に対する共通の理解と認識を深めるために、それらのキーワードにはどのような意味合いがあるのかについてコメントしていくことにします。（なお、キーワードは目標達成の手段としての仕組みづくり、運営方法、仕組みの働きを規定し運営していくための基本的なルールづくり等に使用される用語である、と受け止めておいてください。）

　まず、自治（Self-Governing）と民主政治（Democracy）の関係から考えていきましょう。

（1）「自治」について

　自治というキーワードには二つの意味があります。一つは中国の古典「礼記」の中に見られる用語法で、{自然と治まる} という使い方、もう一つは {自分で自分を治める} という明治以降の日本での使い方です。意味合い的には、経済的に自立する、社会的、政治的に自律する、特定された地域の住民による自己統治の様式、私的領域（特定利益追求）のための自己統治とか公的領域（社会的利益の追求）のための自己統治、といった使い方があり、また、その中間ないし公私領域の混在した領域（共益的利益）のための自己

統治といった使い方もあります。今日では公私混在の自己統治領域が圧倒的に広くなっているのです。

《例示》

- 自然と治まる…時間がたてば解決する、元に戻る、雨降って地固まる
- 自分で自分を治める…個人の意思で個人の行為を律する考え⇒これを地域や団体にも敷衍させて使用する

「自治」ではみんなで作ったルールには皆が従うという順法精神が求められ、そのルールは地域住民みんなのものであり、地域住民すべての生活分野に及ぶものという捉え方が一般的です。この考えは欧米の契約社会における自己統治を反映した使い方でもあります。

つまり、自治⇒自治活動⇒自己統治は、まずは個人に適用されますが、次の段階では地域や団体への適用となり、さらなる段階では人の意思で人の行為を律する内容が加わり、それは権利義務関係を含んだ支配⇔被支配の自同作用を伴った「自治権」の淵源となるものになります。即ち、自己統治には支配概念が含まれているということで、集団や団体や地域社会においては誰が誰を支配するのかという問題に突き当たるわけです。この点、地域の「○○長」に当たる人が支配するのでしょうか、それとも他の何者かが支配するのでしょうか。皆さんはこういったことを地域管理の仕方ないし方法として考えられたことがありますか。

ではその謎解きをしていきましょう。集団の自治、団体の自治、地域社会の自治を営んでいくためにはそれらの構成員の意思と知恵で合意形成したルールに沿って運営していく必要があります。すなわち、各自治主体は所属する構成員の皆さんが自分たちの遵守すべきルールを自分たちの知恵でつくり、そのルールにしたがって自治主体を運営していくことになる、ということです。なにやら堂々巡りのような議論ですが、整理しますと、被支配者がつくったルールが支配者になり、そのルールをつくった被支配者がそのルールにしたがうという関係です。というわけで、支配者と被支配者は自同的であるということができ、直接民主政治的手法で自治は営まれるということになり

ます。

　自治の淵源はそのように解されますが、現行制度の下では間接民主政治手法で自治は運営されています。しかしその方式では構成員の意思や知恵が必ずしも十分には反映されないという問題に突き当たります。世界の先進国においてはその問題を払拭していくために様々な創意工夫をし、これまでいろんな対策を進めてきております。イギリスではパリッシュ（教区）やコミュニティに自治権を与えて問題を乗り越える、アメリカではネーバーフッド（近隣住区）に、フランスではコミューンに、ドイツではゲマインデに、イタリアではコムーネに、といった具合に、小規模の地域社会に自治権を付与して、地域住民が自治運営に参加・参画・協働しやすいシステムを構想し、住民自治社会の実現に向けて努力してきているところです。

　ところで、我が国ではどういう対応がなされてきたでしょうか。憲法第8章に「地方自治の本旨」が謳われております。それは地方自治の本来あるべき姿を示した規定ですが、一般国民にはピンとこない、理解しにくい内容です。つまり、住民自治と団体自治とが車の両輪のごとく転がされている状態をもって「地方自治の本旨」と規定しているのです。これは地方自治運営の当事者ではない憲法学者などの伝統的な解釈論による説明ですが、行政学者の私にはその説明方法は頭をひねる内容で、すっきりしません。

　これまで述べてきましたように、「自治」は本来固有の性質として社会的実践原理で貫かれている統治様式であると思います。それゆえ、必ずしも憲政原理に基づく統治様式だけではないのではないかと考えております。地方自治の本旨の意味づけについても憲政原理中心の解釈であるために抽象的で実感を伴わない分かりにくい意味づけになっていると思うのです。ボツボツこの段階を卒業しなければなりません。

　そのためには社会的実践原理として、地域生活における人々の目で、頭で、足で、耳で、自治を充実させていく手法の具体化を示していく必要があります。具体的には人々が日常生活で見通せる範囲の地域社会を設定し、地域の人たちがいつでも、誰でも、なんについても自分たちで考え、アイディア、

第2章　分権・協治・協働が創り出す住民自治の世界

能力、資源、時間、労力などを出し合って「自治する」【場】を設定することです（山都町の自治振興区のような「場」）。つまり【当事者自治を実践できる場】の設定こそが重要だということです。それは人々にとってその場は身近にある、身近な場は理解しやすい、意見も出しやすい、参加もしやすいし、知恵も出しやすい、協力連携もしやすい、といった利点があるからです。

この「場」の設定には【域内分権】が必要となります。町村合併では行政区域を広め、地域住民の声が届きにくい状態になりました。地方自治体の数を減らして財政効率を高める方策は中央政府側からするとメリットがあるのでしょう。だが、自治当事者としての基礎自治体にとって合併方式は行財政効率を本当に高めたでしょうか。合併方策以外に行財政効率を高めたり自治力を強めたりする方策はないのでしょうか。この点の検討はたいへん重要です。そのため、私は1970年代に千葉県から依頼されて、市町村の合併効果測定の調査研究を実施し、さらには海外留学してその研究を続けてきました。そして、その成果を、日本の地方自治の発展に活かすべく努力をして参りました。

その第1弾は釧路市からの行政組織診断の要請でした。当時の市長から住民の声や知恵やアイディアが行政に反映されやすく実践に移しやすい組織を構想してほしいとの要望で、それに応えるための診断を試みました。そのときは行政が現に取り組んでいる領域でも地域住民の力で対応可能な領域があると考え、その基準設定の手法を構想し、それが住民自治の充実・強化に結びつくこと、行財政の効率化にも資することを示して「自治振興課」という名称の行政組織を編成しました。おそらく日本で最初の《自治振興》という用語を使った行政組織であったと思っています。

では、その行政組織にどんな職務を分掌させたのか。現在、地域に生起する諸問題のほとんどは行政が独占的に対処しています。だが行政のそうした対応ははたして真の【自治行政】といえるのかどうか。発生する問題の性質や規模によっては地域住民の力で対応可能な領域もあれば、行政と力を合わせて対応可能な領域もあり、さらには行政でなければ対応できない領域もあ

ります。それらをすべて行政だけでやっていくのか、あるいはそれらを一定の基準に基づいて振り分けてやっていくのか、が問題になります。

だからそこでは、地域住民が参画しやすく協働しやすいシステムづくりとか、住民と行政とNPOや企業が対等な立場で意見交換し、それぞれが得意とする能力を発揮しあいながら、目標を効率的・効果的に達成していくためのルールづくりとか、役割を分担しやすくする仕組みづくりとか、等々が当該自治行政組織の職務分掌となっていくのです。

加えて、地域住民が地域社会のために参画・協働していくことにより、住民自治が充実・強化されるとともに多様な能力やアイディア、時間や労力も動員されやすくなる、しかも行政の経済性、効率性、効果性も確保され、行政に対する住民の信頼度や満足感も高まっていくという相乗効果も考えました。また、新たな行政組織の職務分掌を構想するときには、地域住民のアイディアや知恵も取り込んでいく必要があります。山都町が考える「住民自治社会の創造」とはそのための域内分権を図り、住民自治の充実と発揮がしやすい環境を整えることなのです。

（2）「民主政治」（デモクラシー）について

次に「民主政治」について考えていきましょう。民主政治とは一般にデモクラシー（Democracy）と英語で表現されます。その原語を探ってみますと、ギリシャ語のDemos（デモス＝市民）とKratia（クラティア＝力）から構成されていることが分かりました。つまり、市民の力によって執り行われる政治様式のことを「デモクラシー」といっているのです。日本語では「民主政治」と呼びますが、研究者も含めマスコミなどでもデモクラシーを「民主主義」と間違って呼ぶ癖があるようですので正しく使用する必要があります。

民主政治とは上に述べましたように、「市民の力」によって執り行われる政治様式のことですが、この様式は特定の範囲や特定の対象に限定されてはいなく、広く一般の統治様式に適用される普遍性をもった政治様式の言葉としての意味をもっているのです。だからその様式は政治体を構成している成

員みんなが参加し、意見を出し合い、そしてみんなで合意形成した目標を、それぞれの成員が有する知恵・アイディア・技術や資源を出し合って設定し、その実現も構成員の力で経済的に、効率的に、効果的に達成していく優れた手段であると位置づけられてきた概念です。これが民主政治理解の基本であります。

　この考え方は、設定された目標の達成手段としての意味しかないではないかと受け止められがちですが、その目標を設定する役割も民主政治様式の重要な部分なのです。そこでは社会的利益、共益的利益、公共的利益を見定めながら目標を設定し、それを成員が有する力で達成していくのです。そのためにそこでは、目標達成のための合理的手法を編み出し、その手法を駆使しながら社会の利益を実現していかなければなりません。

（3）「自治」と「デモクラシー」の関係性について

「自治」と「デモクラシー」の関係性については世界が注目するテーマの一つでもあります。両者は全く関係がないという人もおれば、デモクラシーが完成したら自治とは関係性はなくなるという人、さらには時代も社会も人も変わっていくし、それゆえ、人は常にデモクラシーの成熟化を求めていくわけで、両者はいつも深い関係にあると主張する人など、様々です。

　ところで皆さんはこれまでのわたしの話を聞いて、「自治」と「デモクラシー」には関係性が「ある」と思われますか、それとも「ない」と思われますか。

　それでは、両者に共通している点はなんでありましょうか。自治は自らを治めていくことでした。デモクラシーはデモス（市民）のクラティア（力）によって社会の舵取りをしていくことでした。このことから両者の共通点は「私たち市民が主人公になって集団や団体や地域、国・県・市町村を治めていくことにある」と思われます。いわゆる自律した市民の合意形成に基づく自己統治の様式という点が共通しているのではないかと思います。

　では、両者の相違点は何でしょうか。山都町の自治、大学の自治、町内会

の自治、農協の自治、NPOの自治など、自治については個別具体的にその用語が使用されます。つまりその用語を使用する場合、その範囲や対象が限定されていたり特定されていたりしている点に特徴があるようです。それに対してデモクラシーの方は集団や団体に関係なく、あるいは地域、国家、国際という空間レベルの違いに関係なく、それらを超えた政治様式の普遍性を表現するために使用されています。このことから、自治は「限定性」を有する個別具体的な地域や団体における政治様式を表現する用語として用いられるのに対し、デモクラシーはいかなる政体の政治様式にも通用する「普遍性」を表現する用語として使用されている、ということが分かります。

　したがって、市民が主人公になり、その意思で政治を執り行うという基本的なところは両者に共通しており、両者は不即不離の関係にあるといえるでしょう。海外の学者が、「デモクラシーが完成すれば自治とは関係がなくなる」と主張しましたが、問題は「デモクラシーという政治様式は完成するものである」と捉えてもよい性質のものかどうかです。時代も変わり、社会も進歩発展し、人々の価値観や生活スタイルも変化していく中で、政治様式だけがそうした変化と関係なく完成するものとは到底思えません。人はこの世に生まれて社会性を身につけていき、そして、よりよい社会を希求していく社会的存在であります。そうだとすれば、その成長過程に応じて自治意識も政治意識も変化し、それに応じて政治様式も変わってきます。2014年末の衆議院議員選挙の投票率をみて、デモクラシーが完成したといえるでしょうか。残念ながらノーと言わざるを得ない結果で、デモクラシーの未完成が証明されました。つまり、デモクラシーは完成されるものではなく、その限りにおいて「自治とデモクラシーの関係」は不即不離の関係を持ち続ける、といってもよいでしょう。

2．山都町がめざす「住民自治社会」の実現手段

　いま、山都町がめざす住民自治社会を、構想レベルですので「点線で描か

れたまるい円」と想定します。それが実現すると点線が徐々に実線に変わっていきますが、そうしていくためには住民自治社会を形成するいくつかの重要な要素を合理的に説明していかなければなりません。これからそのポイントになると考えられる要素を取り上げていきます。考え方としては、まるい点線の円に重要な要素を内接させ、要素が三つの場合は三角形がその円に内接した形となります。だが、この段階の住民自治社会はまだまだ成熟していなく、実線の円とはほど遠い状態です。だから三角形を五角形に、六角形に、八角形に増やしていくことにより、まるい点線の円に実線が近づいていくようにしていきます。これは成熟した住民自治社会に近づいていく説明方法として、便宜的に言っているに過ぎません。以下、その要素をいくつか取り上げながら説明していきます。

　まず、住民自治を充実・強化するために必要な要素としてはなによりも住民一人一人の自律（立）性を確立していくことが重要です。そこでまず、それには何が必要かという点から述べていきます。

【要素①】親近性と小規模性（自治を身近に感じる規模は小規模が望ましい）

　山都町は天草市や八代市と並んで行政区域が広大です。その中で住民が町の自治を営んでいくことは大変難しい。自治を行う規模はどこの国でも小さいものです。英米独仏伊といった国々の基礎自治体の数はいずれも一万を超えています。私的自治の領域を除き、共的自治や公的自治といった社会性をもつ自治を行うには住民は他者との関係において自律的であることが求められます。自律性とは、他の人の意見を斟酌して自分の意見を表明し、合意形成に結びつけていくということですが、人がそういう自律性を身につけやすいのは、物理的にも心理的にも身近な社会的空間であることが望ましいわけです。他の人と意見交換ができる身近な社会的空間と言えば、まずは家庭であり、ついで向こう三軒両隣の隣近所、近隣住区、町内会や自治会、小学校区、コミュニティ、基礎自治体区域、広域自治体区域、国といった段階にな

ります。この中で身近さを実感できるのは昔存在した大区・小区、あるいは大字・小字、旧小学校区ないし旧中学校区程度ではないでしょうか。歴史書から教えてもらうと、10戸で1組、5組程度で1小区、10小区程度で1大区を設定し、お上はそれらを人口や資産の統計と税金徴収に役立ててきました。一方、地域住民は集落の共有財産の管理や道普請、井手役（水路整備）などのための自治的な役割を営む、そのための基本単位を自らの意思で決め、身近な自治を実践してきました。このように大区・小区制では小規模性のもつ自治的有効性を人々は知ることができたのです。

　ここで、小規模社会のもつ本来固有の働き（機能）を考えてみましょう。地域住民は「よりよい社会を創っていくにはどうすればよいか」ということを、子どもの頃から小規模の近隣社会で身につけていきます。自分たちが生活している地域にはどんな問題があり、その原因は何であるか、どうすればその原因を除去できるか、ということを行政よりも逸早く認知し取り組みます。また、地域にはどんな資源があり、どのような人材が育ってきているかもよく知っているわけです。つまり、地域における資源の存在を知り、その活用の方法を考える、そして地域の問題を発見し、その解決策や除去策について意見を交換する、またそれらへの取り組みについて互いに知恵を出し合い、自分たちの持っている能力の範囲で対処していくのです。

　こうして人々は小規模社会で身につけてきた生活の知恵を発揮し、よりよい地域社会を追求していくのです。これが小規模社会のもつ本来固有の自治機能であり政治教育機能でもあるわけです。

　したがって自治機能が充実発展していけば必然的にデモクラシーも成熟化していくという関係が成立します。私たちは身近な小規模社会のもつこのような働きを大切にしていかなければなりません。そしてそのための環境づくりを推進していかなければなりません。このたび山都町が構想している「自治振興区」は合併の負の部分を除去するための自治環境づくりの一環といえるものです。

3．現代は「協治時代」である？

　小渕恵三さんが首相のとき「21世紀日本の構想」という懇談会を設置し、10ヶ月の集中審議の結果を踏まえて報告書を出しました。河合隼雄監修『日本のフロンティアは日本の中にある〜自立と協治で築く新世紀〜』講談社発行（2000年3月10日）がそれです。このサブタイトルに《協治》という言葉が使用されております。これまで《自治》という言葉は役所の名称、憲法や法令の条文、学者の研究論文などのなかで日常的にみられたものですが、それに対し《協治》という用語は馴染みのないものでした。いったいどんな意味や目的でそれは使われたのでしょうか。米国のコーネル大学が"GOVERNANCE"（1982）という研究誌を発行、日本でも出版社「ぎょうせい」が月刊誌『地方分権』を『ガバナンス』に改名（2001）しましたが、その中に「協治」の意味合いを含めております。

【要素②】官治的統治から自治的統治へ（ガバメントからガバナンスへ）
　90年代に入って世界先進諸国では市民力向上（シティズン・エンパワーメント）ということが政策のメイン・テーマとして掲げられるようになりました。70年代後半から80年代の半ばにかけてはサッチャー、レーガン、中曽根の時代で、行政のスリム化・効率化・民営化を新自由主義の考えに則って進めました。国鉄からJRへ、電信電話公社からNTTへ、がその象徴でありますが、一般的には行政改革という名の下で改革政策が進められたわけです。しかし、その改革は中央集権的かつ後見主義的に、そして画一主義的に行われてきました。そこでは地域の意思で地域の個性や地域産業の特色を生かした政策の展開とはならず、その結果、中央依存の政策となって地域間、産業間の格差をはじめ、様々の問題を随伴させました。一方、この時代には、市民の価値観も多様化し自主自律的に社会参加活動を展開する風潮も拡がり、自分たちが身につけてきた生活の知恵を皮切りに、能力や資源を自分のためばかりでなく社会のためにも活用する傾向が芽生えてきました。こうした傾

向は個人レベル、集団や団体レベル、地域組織レベル、さらにはボランティアやNPOへと拡がり、日本全国で1000万人以上の人たちが何らかの社会貢献活動に参加し参画・協働するようになってきたのです。

　ここに行政だけによる公益実現活動の限界、それを乗り越えるための多様な主体の協働、そしてそれら多様な主体の活動が、身近な地域社会における自治と協治の充実へと牽引していくことにもなったのです。つまり、多元的な主体によって地域社会を自治していくという《協治》の姿がこの時代に浮上してきたのでした。一元的な行政主体（ガバメント）の統治から多元的な主体による地域社会の統治（ガバナンス）への変化であります。

　山都町におかれましては町民をはじめ、各種企業や商店、ボランティアやNPO、文化・スポーツ・趣味・PTA等の団体、さらには各地区活動組織や自然保護活動・歴史的遺産の掘り起こしと維持保全活動等の団体組織がかなり存在すると思われます。これらは山都町社会を豊かにし、活力ある社会を創出していく最も重要な資源であります。

　山都町において〈住民自治社会〉＝ガバナンス社会を構築していくためには何が必要でしょうか。そこでは町内に存在する様々な社会貢献活動主体に関する情報拠点としての「山都町ガバナンス社会情報センター」を設けられ、八朔まつり、通潤橋、清和文楽、そよ風パークなど既存の資産を活用したフェスタの時には、多元的な主体の貢献活動報告会などを少しずつ加えられていったらいかがでしょうか。社会貢献活動団体の実績が社会的に認知されていくことにより、各主体もその存在感を高め、さらなる活動を展開していくことになっていくでしょう。そのことが「豊かな住民自治社会」を町民全体の力で創造していくことにつながると考えます。では、そのためには何が必要でしょうか。いくつかのポイントを取り上げてみましょう。

4．分権化のすすめ

　たとえ、地域住民が地域の問題を発見し、その解決策を用意できるほどの

身近さを有する小規模政体であったとしても、その小規模政体に地域社会をよりよくしていく権限が付与されていなければ、地域住民の力でよりよい社会を創造していくことはできません。日本では地方制度が制定された明治以来、地域が主体性をもち自主自律的に取り組んでいく自治権は付与されてこなかったのです（ゴミ処理を除いては）。戦後においては地方自治制度という名称に変わり、地方自治体に自治権が付与されたわけですが、21世紀に入るまでは機関委任事務制度により、地方自治体は国の行政機関の事務を、国の指導監督のもとで処理する末端の下請的行政機関の役割しか果たせなかったのです。

つまり、自分のことは自分で処理していく自治権＝自己統治権は国の指導の範囲内でしか発揮できなかったということです。しかも財政能力が弱いために補助金や特別交付金、さらには地方債といった依存財源に頼らざるを得なく、それゆえ国の指導監督や許認可基準に素直にしたがわざるを得なかったのです。かくして地方自治体は国の後見の下におかれ、そして、中央集権的行政構造のなかに位置づけられ、自治権を発揮する余地はほとんどありませんでした。

ここ山都町もその例外ではなく、いまでも自主財源比率は予算規模の2割程度で、8割近くは依存財源、そのため町長さんも議長さんも担当職員に引き連れられて中央官庁への陳情行脚ではないかと思われますが、いかがでしょうか。もしそうなら、一刻も早くそういう状況から脱皮し、町民の力を結集して町民の自治力で豊かな山都町をつくっていかなければなりません。そのためには山都町が自治体として自主自律的に取り組める「自治権」を確保し、それを町民と一緒に行使していくことだと考えます。それには分権化が不可欠であるのです。

【要素③】　垂直的分権と水平的分権

ところで、分権には垂直的分権と水平的分権の二つが考えられます。垂直的分権の方は国から地方への権限委譲、上から下へということで垂直という

呼び方をしているのです。地方分権一括法（1999）では国から地方へ権限を委譲するため475本の法律を改正しました。それでも地方の自治権はまだまだですし、中央官庁の自由裁量の幅をちょっとだけ少なくした程度と思っています。現行の行政、財政、税制制度である限りは自治体の自治権発揮が一気に進むとは思えません。法定受託事務の1号、2号の存在は機関委任事務の鎧を被っておりまして、中央官庁には役だっても自治体にとってはどうでしょうか？もっとすっきりした垂直的分権にして自治体の自治権強化に繋げるべきでしょう。

　水平的分権は山都町としても独自に推進可能な分権化であります。それには山都町のために何らかの社会貢献活動をされている地区を基礎とした組織や団体、地区を越えて活動されている職能団体や社会的活動組織、さらにはそれらの連合組織、また地区担当行政職員チームと行政以外の地区活動組織や職能領域活動団体との連合組織などに対して、それぞれの特長に合わせて自治権を付与し、それぞれが対等な立場で共有目標を設定し達成していく分権施策をとっていく必要があります。このように考えると、水平的分権を進める方が住民自治の充実・強化に結びつく側面をもっており、住民自治が強化されれば、民主政治はいっそう成熟し団体自治も強化されます。そうすれば垂直的分権の政策形成にも地域住民の自治力が大いに発揮され、官制分権とはひと味違った分権内容になっていくに違いありません。要は、この水平的分権の受け皿（活動組織・団体・地区組織の掘り起こしと整理、それらが有している資源や能力に応じた権限と責務）を整備し、山都町の住民自治の活性化に活かしていただきたい、ということです。そうすれば《自治振興区》という分権の受け皿は自治体の自治力強化のための大きな牽引力になっていくに違いありません。

5．協働体制の確立を目指して

1970年4月から市町村は自ら基本構想を策定し、それに基づき基本計画と

実施計画を策定して行政を運営していかなければならなくなりました。つまり、政策を自ら作成して「めざす地域社会像」を実現していくことが義務づけされたわけです。それまで国の指導下でしか政策づくりやその執行の経験がなかった自治体にとって、この自治法改正は青天の霹靂であり、いきおい、その方面の専門的な調査研究機関（シンクタンク）に丸投げして凌いできました。その結果、多くの自治体が「絵に描いた餅」に振り回され、高いコストをかけてつくったカラー印刷の報告書を床の間に飾るだけで、政策構想が実現できないというべきか実施計画化できない状態に陥っていたのです。

　他方、人々は「物的豊かさから心の豊かさへ」に意識を転換しはじめ、またバブル経済がはじけて自治体財政は逼迫化する一方、他方では人々の自主的な社会参加活動の台頭・活発化もみられ、それまで行政が取り組んできた領域の一端でさえ行政以外の多様な主体であるボランティアやNPOと地域住民組織や職能組織の連合組織が公共的領域を担いはじめました。阪神淡路大震災への200万人をこえるボランティア活動にみられたように、公共を担う多様な主体が地域社会にも出現し、個人、集団、地域団体等々とそれらの連合組織が公共の利益実現に向けて、自己犠牲を払いながらも社会貢献活動に参加するようになってきたのです。

　このようにしてシティズン・エンパワーメントも向上してきました。90年代半ば以降のことです。これらは人々の価値観の変化に伴う、時代の変容を示すものと言ってもよいでしょう。では、こうした多様な「公共の担い手」たちの出現を、地域社会と自治行政はどのように取り込んでいったのでしょうか。その考え方と手法の開発こそが「住民自治社会の創造」に結びつくと考えられます。

　【要素④】多元的主体と協治システム（公共を担う多様な主体の協働体制の構築に向けて）
　これまで行政が一元的に担ってきた「公共領域の仕事」を、社会を構成している多様な主体（個人、集団、団体、地域、職能組織、ボランティア、

NPOなど）も担うようになってきたと話してきました。何故そうなってきたかと言うと、簡単に言えば、

イ）行政だけでは公共の仕事を担えなくなってきたから

ロ）人々の要求が増大し、かれらが納める税金だけでは「公共の仕事」を処理していく費用が足りなくなってきたから

ハ）住民の行政への甘えが蔓延し行政依存体質からの脱却が必要になってきたから

ニ）行政がもっている能力、ノウハウ、技能だけでは複雑多様化している諸問題の解決が困難になり、シティズン・エンパワーメントの協力が不可避になってきたから

ホ）行政の硬直性、前例踏襲主義、法令万能主義などが弾力的に社会の変化に対応する知恵の発揮と工夫開発を滞らせてきたから

などと、ただちに指摘することができます。

県内の自治体首長と意見交換していたとき「地方分権なんかする必要はない、自己決定権を与えられ自己責任をとらされれば、熊本県内自治体のほとんどは自治体として破産する、それよりも国の指導監督や財政支援を受けられる中央集権体制の方がまだましで、自治体としては運営しやすい」との話を聞いたことがあります。だが、その話には現行地方自治制度、財政制度、税制制度が内包している問題点やそのあり方を変えていく必要については全く配慮されておりませんでした。くわえて、自治の道を歩いていくことはたいへん厳しいことであり、それを住民と一緒になって考えていくことが大切ですが、残念ながらそうした姿勢は感じられなく、安易な道を歩いていくことだけの話に聞こえてしまったことは真に残念でした。

現代社会の地域住民は自治について理解する能力やノウハウを十分持ち合わせています。為政者はそのことに意を払うべきであろうと思います。この山都町の人たちと話を交わしているとき、たまに「娑婆んこて打ち合うても一銭にもならんけん、そぎゃんこつばすっと馬鹿らしかたい」＝（社会のことに関わり合っても何の利益にもならないから、そういうことには関わらな

第 2 章　分権・協治・協働が創り出す住民自治の世界

いほうが良い）といったようなことを聞きます。しかし、そういう人も娑婆（社会）の恩恵を受けているわけでありまして、娑婆の一員であることを忘れているのではないかと思われます。そうであれば他者との交流を通じて娑婆からの恩恵と娑婆への貢献について意見交換し、そのなかで自分でも可能な領域があれば、仲間を募り、一緒に行動に移して取り組み、娑婆に貢献していく、そのような社会への積極的な関わり方で貢献していくようにならなければならないでしょう。

　そのような動きは最近、全国各地で展開されるようになってきております。自分一人ではできないことも他者と協力連携していけば達成可能となるという、いわば補完性原理が働く協働体制づくりがそこでは必要とされ、それを積極的に進めていくことがこれからの自治運営には必要不可欠なのです。

　都市社会だけでなく農村社会におきましてもコミュニティが崩壊したと久しく言われてきております。「限界集落」とか「準限界集落」、「シャッター通り」「空き家対策」「挙家離村」「ゴーストタウン」といった言葉は一連の社会現象を説明するために使われるようになってきた用語です（「過疎化現象」という用語は1960年代から使用されております）。

　こうした現象の根底には人口問題が横たわっております。熊本県はいま、人口180万ですが、30年後には150万を切るとさえ言われており、30万人も減少するわけです。最近の新聞によりますと、耕作放棄地が増えるにしたがい、猿、鹿、イノシシなどが増え、徐々に人里近くまで攻め込みながら人間が作る農作物を荒らし回るようになってきているようです。こうした問題は人間一人の力だけでは阻止することはできません。互いに知恵を出し合い、力を合わせ、協力連携していかなければ人間が生活している集落は鳥獣に取り囲まれてしまうのです（熊本日日新聞：「山が下りる」より）。

　人が生きていくためにはみんなで心を合わせ、力を出し合い、助け合っていく《協働の精神》が基本的に必要なのです。いま、山都町が描いている「住民自治社会」はまさしく、山都町民が「活力ある山都町の生成」という目標を主体的に設定し、それを達成していく手段として《協働》の体制を整

51

備していくことだと受け止めます。

　鳥獣対策も役場の行政の力だけでは不十分です。それには地理に詳しい住民とその組織、狩猟許可を得ている人たちからなる団体、エコ電気の専門家集団など、多様な地域、集団、組織、団体の力が必要になります。しかもこれらがバラバラであっては効力を発揮できません。それぞれの組織や団体が得意とする能力や資源を十分発揮できるようにして、互いに対等性を確保し、目標を共有し合い、協力連携していくことが必要で、そのためのルールづくりをしていかなければなりません。

　それを「自治振興区」という単位で進めていけば、山都町の《住民自治社会の創造》にも必ずや結びついていくでしょう。地域住民が地域の問題を発見しその原因を究明して解決策を決め、自分たちでできることは自分たちで処理し、そこから先はどうしても行政にやってもらわないとできない場合、ルールに基づく協議を行政と行って協定を結び解決していく、こうした協働政策を区長会で決められ《自治振興区》単位で取り組んでいかれることを願ってやみません。日本一の《住民自治社会の創造》をここ山都町から進めていきましょう。

6．自治効率の向上は協治システムでこそ可能となる

　上に述べてきました協働政策、これにはいったい、どんなメリットがあるでしょうか。最後に、その点について簡単に触れ、終わりにしたいと思います。

　山都町内の地区住民の皆さん方はこれまで、いろいろと自主的な社会参加活動を組織し、展開し、立派な社会的実績を積み上げられていることでしょう。子供会、PTA、婦人会、老人会、地区運営協議会、その他文化活動グループやスポーツ・レクレーション・グループ、環境保護会、料理研究会、食育研究会、自然観察会、里山を美しくする会、地区防災会議、歴史的建造物を守る会などがそれです。そして、地区住民の皆さんはそれらに所属され、

第2章　分権・協治・協働が創り出す住民自治の世界

ルールを作って定期的な活動をしていく、そのような活動への参加者はたいへん多いのではないでしょうか。

　それらの活動目的のほとんどは地域社会に貢献することとされているようでありまして、個人の利益追求と言うよりも地域社会の利益追求を第一義に掲げられているということです。一昔前であれば、そうした社会貢献活動は、どちらかといえば地域の資産家、名望家、国会議員、県会議員、市町村会議員など、"偉いさん"と呼ばれる人たちの役割でしたが、今日ではそうした人達の数倍に達する役割を、地域住民の活動組織は担うようになってきておりますし、最近はこうした活動参加者も非常に多くなってきて、その分、地域自治の実際を経験する人が増えているのです。したがって、住民自治の充実・強化の下地はかなり整ってきているとみてよいでしょう。

【要素⑤】自治資源の発掘と発揮による自治効率の向上

　問題はそうした活動を「住民自治社会の創造」のためにどのように具体化し実質化していくかということです。これを進めていくためには地域住民が自治活動を旺盛に展開すればするほど自治行政は民主的になり、血が通い、かゆいところまで手が届く行政、少ない経費と時間で効果の上がる行政となることを証明していかなければなりません。これまでのようにただ、経費節減、行政の合理化、人員削減などではなく、地域住民が理解し協力連携できる手法を工夫開発し、役場の行政は地域住民の能力や資源を必要としているのだということを、地域住民にとって身近な場である「地区協議会」や《自治振興区》での活動を通じて理解してもらう方策を打ち出していかなければならないのです

　それには具体的な事例を取り上げて、各地区の子どもから大人までが関われるテーマを設定することです。山都町は《住民自治社会の創造》を一大テーマに掲げており、それを「自治振興区」にブレークダウンさせ、可能な限り多くの地区住民が参加して様々な角度から意見を述べる、そしてそれらを整理し、地区単位の住民自治力で自治社会の構想を描き、各区構想をつなぎ

53

合わせながら最終的には山都町全体の住民自治社会を描き出し、その実現へ
と進めていかなければなりません。（2007年2月11日島木地区「家庭の日」
講演「山都地域文化大学構想」）より

　そのためにはどうすべきか。上記のことを計画的に進めていくことも忘れ
てはなりません。第1段階は住民自治創造の準備期、第2段階は住民自治創
造の形成期、第3段階は住民自治創造の展開期というようにし、各期1〜3
年ぐらいをかけて、ある程度目標が達成されたら次の段階に進むようにする。
そして、各期においてはどんな内容の住民自治を創造していくかについて各
地域で合意形成し、地域住民の力でそれを実践する。そのための有効な方法
としては、地区住民の皆さんすべてに関係する、地区カルテづくりを推奨し
たいと思います。そこでは自治振興区単位の白地図を用意しておき、子ども
の目線、父親の目線、母親の目線、おじいちゃんの目線、おばあちゃんの目
線で、それぞれ一枚の白地図上に安心安全のポイント、道路交通のポイント、
福祉のポイント、自然環境のポイント、経済活性化のポイント、助け合いの
ポイント、災害防災のポイントなどを書き込んでもらい、それらを集計・分
析して住民自治社会創造の政策化・計画化に役立て、山都町の政策推進に町
民総ぐるみで取り組んでいくことです。日本一の住民自治社会を九州の中心
地である山都町から発信していく、こういう政策を考えてみました。皆さん
の叡智を結集していけば、もっと優れた政策が構想され、すばらしい山都町
が形成されていくことでしょう。

　これで私の講義は終わります。ご清聴有り難うございました。

第3章　日本における協働のまちづくり

はじめに

　日本における「協働のまちづくり」という言葉は、この10年ほどの間に自治体の政策用語として使用されるようになり、定着してきた言葉です。それ以前に「協働のまちづくり」という言葉が使用されていなかったかといえばそうではなく、ある地域に人が集住しているところでは「人々が生活しやすい場を求めて互いに協力・連携していく」という意味での「協働」の歴史があったようです。この点、全国的に知られているという意味で、NHKが「クローズアップ現代」で取り上げた東京・港区芝浦1丁目の『協働会館』の歴史を仄見しその範囲内で「協働」の社会的および実態的な意味と意義を垣間見ていくことにしましょう。

1．まちづくり拠点としての「協働会館」

　「協働会館」という呼び名は、芝浦の地域特性を反映した街の発展過程のなかから芽生え、「地域づくりの拠点機能を果たすところ」として呼ばれてきたようです。もとより芝浦地域は東京湾に面した芝浜の漁村地域であり、「月見の眺望地」として風光明媚な地帯でした。そこは海の幸と海で働く人たちに恵まれ、その後背地には武家屋敷が広がり、小者・使用人たちもその地域で働き生活していたところです。

　江戸末期から明治初期にかけて、この芝浜一帯にも文明開化の波が押し寄せてきました。その牽引車的な役割を担ったのが「花街」でした。「花街」になる要素としては料理屋、旅館、海水浴場や海水温泉宿などがあり、それらを利用し楽しむ人たちが大勢いることでした。この芝浦には東京湾埋立工事や鉄道工事のために働く人たちが集結しており、さらには関東大震災の影響を受けてこの地で働くようになった人たちも寄り集まって暮らすようになっていたところです。その結果、この地には各種店舗が立地しはじめ、それ

第3章　日本における協働のまちづくり

が「花街」としての発展に寄与していったといわれております。

　すなわち、新橋～横浜間鉄道敷設工事の展開とともに芝浦一帯の埋立工事が進み、この地域はそこで働く人たちにとって料理屋不足といわれるほどに繁盛していったのです。そうした地域の発展に目をつけ、芝浦における「花街」の牽引車となる芸妓屋の元祖が営業しはじめ、それに関連する芸妓屋、大芸妓、小芸妓、待合茶屋などが急増して「花街」の姿を形づくっていったといわれております。

　つまり、ここには自然地理的な地域特性としての「月見の眺望地」に加え、この地域の将来発展性に着眼して、その特性を活かすべくさまざまな仕事（産業）と労働力（人口）とそうした人たちが創出した文化・芸術などを集積させつつ、それらにより「花街」の基盤もできていった、ということです。

　だが、街の発展は順調に進んでいったわけではありません。東京湾の埋立工事が進むにしたがい、芝浦海岸一帯は荒涼たる埋立砂漠地の姿に変わっていきます。その景観が「花街」の姿を消滅させていったのです。そうすると「花街」の客も減る、客が減れば料理店などの経営も不振に陥り廃れていくといった不況の悪循環に陥っていきました。

　その不況を乗り越え、ふたたび「花街」復興へ導いたのはつぎの三点だといわれます。

　一つは埋立工事の完成にあわせて、日本における初の都市計画法の制定〈1919〉によって「花街」立地を許可制として移転させ、土地開発の一助にしたこと、二つは関東大震災を契機に東京の他の地区の「花街」から芝浦「花街」へ芸妓屋等を避難・移転させたこと、三つは東京復興の資材輸送の拠点地として芝浦岸壁が整備され、それによって芝浦地域一帯は目を見張る賑わいを呈するようになったことなどがそれでありました。これらによって芝浦界隈は昔日の活況を取り戻していったといわれております。

　こうした地域の歴史的変遷から『協働のまちづくり』の姿を描写するとすれば、複数の多様な主体による協力連携の姿が浮上してきます。それはつぎのような、異なる主体の協働組織体制の整備とその運営手法から読み取るこ

57

とができます。

① 「花街」におけるサービスの生産者と消費者の協働によるまちづくり
　体制の整備とその運営手法
② 全国各地から寄り集まった海岸埋立労働者と地元在来住民との協働に
　よるまちづくり体制の整備とその運営手法
③ 新たなまちづくりと土地利用計画における行政と住民との協働による
　まちづくり体制の整備とその運営手法
④ 東京復興のために芝浦岸壁に集住した各種専門家と労働者と地元住民
　との協働による芝浦のまちづくり体制整備とその運営手法

などがそうです。

　それらが協働組織を形成し運営していく主体として考えられ、それらによって「協働のまちづくり」は進められてきたということができます。

　別言すれば、異なるさまざまな主体が「賑わいのあるまちづくり」を共有目標とし、その実現のために、心を合わせ、力を合わせ、互いに助け合いながら街を創造していくことになった、ということではないでしょうか。

　そこでは当然のことながら、その協働のまちづくりの「まとめ役」が必要であり、それとともに、他の主体との「協力連携のまとめ役」も必要不可欠になったと考えられます。では、誰がその重要な「まとめ役」の役割を担ったのでしょうか。この点、「協働のまちづくり」にとってはたいへん興味をひくところであります。が、ここではさしあたり、つぎの諸点について考えてみることにします。

① 異なる主体が協働するためには「目標の共有化」が不可欠であり、そ
　れをどのように図っていったかということ
② 「協働の組織づくり」には協治力の発揮が必要であったということ
③ 協働組織を運営していくためにはどのようなルールが要請されたかと
　いうこと
④ 「協働のまちづくり」のためにはどのような人材が求められ、そうし
　た人材をどのようにして発掘・養成していったかということ

もちろんここでは、「まとめ役」にどんな人材が就いたかについても触れていくこととしますが、それより先に協働の定義とその実態に触れ、協働の組織化とその組織の運営に必要な事柄について鳥瞰していきたいと思います。

そのうえで「日本における協働のまちづくり」は、どのように取り組まれてきたかにつき、一定地域に集住した人々の生活が経済社会の変貌に即してどのように展開されてきたかという観点から、若干の分析を通して振り返ってみることにしましょう。

2. 「協働」という言葉の定義をめぐって

『協働のまちづくり』という以上、まず「協働とは何か」について明らかにしておかなければなりません。いうまでもなく「協働」という言葉は単一主体の働きを意味するのではなく「複数の主体が共有目標を形成し、その目標を達成していくために各主体が協力連携する、その仕組みと働きを表現する意味」で使用される言葉であるようです。

そのことから「協働」は、学問的には行政学における「組織」の中心概念として、また、社会現象の分析理解の面では複数の主体が共有目標の達成のために取り組む「方法」の手段概念として、主体間の関係状態を説明するために用いられていることが分かります。だから実体論的にはその関係状態こそが「組織そのもの」を指している、ということができるようです。

冒頭に紹介した東京港区の「協働会館」は、近隣社会における「集会所」ないし「寄合所」といった施設に相当するようです。いわば、生活の場を共有する人たちの共同利用施設といった感じで、今風に言えば、地区の公民館とかコミュニティセンターに近い施設といえるでしょう。気になる点はこうした施設の名称に「共同」とか「協同」とかを冠せずに、なぜ「協働」という用語を冠したのか、ということです。「協働」が、一定地域に集住している人たちの「暮らしの場」ないし「生活の場」への共属意識を基礎に、その

59

地域を住民が互いに力を合わせ、心を合わせ、助け合いながら現状よりもより良い状態にもっていくという、地域生活上の知恵に基づく協力連携を意味するのであれば、それは生活上の何か一つの側面だけの協力連携ではなく、あらゆる側面にわたる社会的な協力連携であるという「総合性」を含んだ意味をもっていると考えられます。

それに対して、「協同」は農業協同組合のように経済機能を中心にした協力連携であり、「共同」は共同病院のように経営機能上の協力連携を意味しているようで、実体論的には若干、総合性に欠けたイメージを与えます。

かくして、「協働のまちづくり」という場合の「協働」は、老若男女の誰もが主体者となり、社会のあらゆる側面にわたり互いに共助努力をしていくことです。「まちづくり」というのは生活の場における社会のあらゆる側面、つまり、経済、文化、福祉、環境、政治、行政、スポーツ、人間関係等々にわたり、現状よりもより良い状態にしていく地域住民の共助創作活動と考えられるものです。その意味で「協働のまちづくり」は地域の生活者が主人公になり、あらゆる側面にわたって、互いに知恵を出し合い、技能を発揮し、自分たちの力で自分たちが望む「まち」を創造していくこと、という意味になるのではないでしょうか。

3.「協働」に必要なプロポネント（proponent）＝まとめ役

協働とは、生活の場を共有している人たちがさらによりよい生活の場を求めて（共有目標の設定）、互いに知恵を出し合い、技能を発揮しあい、協力連携しながらそれを実現していく共助活動であると述べてきました。自分ひとりのことであれば、自分で考え、自分で決定し、それを自分が考えた方法で実現していけばよいのです。しかし、生活の場という一定の地域的広がりをもち、幅広い年齢層の老若男女と様々な職種の生活者で構成された社会的空間と自然地理的特性も有する空間では、「自分ひとりの考えによる〈より良い生活空間〉が他の人にとっても〈より良い空間〉になる」とは限らない

60

のであります。

　ではどうすればよいでしょうか。そこでは皆にとって一定程度納得できる「より良い生活空間」の最大公約数を追求していく必要があります。それには様々な生活者の考えを指標化して、現在よりもレベルアップした生活の場の姿を提示していかなければなりません。日本では昔からそのような役割を地域のリーダーとしての古老、名主、庄屋、官任命の公役人などが担ってきました。しかし、それらは「縦原理の垂直的な上からの目線」であることが多かったのです。

　だが、「協働」は本来的に、多様な人々の意見を尊重してまとめ、地域のあるべき姿〈目標〉を素描し、それをみんなの力で実現していこうとする、多元的な「横・横原理の水平的な目線」に立脚することを基本にしております。

　だから、日本における「協働のまちづくり」では垂直的な目線で官任命者が地域のあるべき姿を取りまとめていたのか、あるいは、水平的な目線で多様な領域のどれかに能力を有する人材を、生活者の中から掘り起こし、そうした人材のなかから取りまとめ役を選び、その役割を担ってもらっていたのか、という問題が浮上します。この点、協働概念からすれば、当然のことながら後者になります。

　人々の「地域生活の実際」や「生活者自治」という観点からすれば、それは水平的な下からの、生活者の目線で地域のあるべき姿を構想し取りまとめていたといえるのではないでしょうか。それは生活者が地域に共属しているという意識を強くもてば当然の成り行きと考えられます。問題は地域の抱えるさまざまな領域の問題すべてについて、一人の人が取りまとめ役を担うのか、それともある問題領域についてはそれに能力のある人が取りまとめ役を担ったのか、という点です。

　このことは、時代の移り変わりにおける社会運営のあり様とも関連してきます。たとえば、かつてアメリカ政治学会会長であった、ロバート A. ダールが構想したようなポリセントリック・ソサアティ（polycentric society）のプロポネントに匹敵するまとめ役が考えられます。つまり、地域社会のあらゆる側面にわたる問題は一人の代表者ないし権力者がまとめ解決処理していくよりも、それぞれの問題領域の専門家に委ねて解決処理した方が効率的で有効性が高く、地域住民の満足度も高くなる、という多元主義的な考え方であります。おそらく、日本における協働も生活の場においては当該地域に共属していることが前提になり、その地域を現在よりもより良い状態にしていくことを目標にして、当該地域の生活者の様々な意見をまとめ、それに基づき各々の問題領域に詳しい生活者のイニシアティブで解決してきているようです。この点、ダールの多元主義の考えと同じですが、要は、どのような人がどのように選出されて「まとめ役」に就き、その役割を担ったのか、ということではないでしょうか。

　歴史書から簡単に振り返って見ますと、幕藩体制下における地域の取りまとめ役は一般に、名主や庄屋がその任に就いていたようです。しかし、これは縦原理に基づく上からの目線での取りまとめ役であり、それゆえ生活の現場ではそうした縦社会の「役」の取りまとめに反撥する場合もしばしば見られたのです。そこでは地域住民の尊敬する人材であり、信望の厚い人材が「ムラ役」として嘱望され、そうした人が取りまとめ役を担ってきたようです。つまり、地域の生活者の中で尊敬され人望と信頼のある人材が名主や庄屋に代わって取りまとめ役の任に選ばれ、その役を果たしていく、そういう水平的な横・横原理に基づいて選ばれていたことが読み取れます。これこそ協働の概念に相応しい選出方法であって、芝浦の「協働会館」時代における多様な主体による協働の取りまとめ役も「荷役頭」であったり、「料理屋の主人」であったり、「町会のリーダー」などであったりし、上からの目線ではなく下からの生活者の目線というべきか、水平的な横・横原理の目線で選ばれていた点に注目すべきでしょう。

　つまり、地域の生活者から信頼され期待され尊敬される人材であり、地域社会におけるいずれかの分野に優れた能力や技能を発揮できる人材が協働組織体の取りまとめ役に推挙され、その任に就いていたことが伺えます。

4．協働組織化に必要な条件

　異なる主体が協働するためにはそのための基礎的条件が整っていなければなりません。その条件の一つは生活者として一定の地域空間に集住していること、その二つは一定地域空間に集住している生活者がその地域の資源・文化・歴史などを共創していることの共通認識、その三つは異なる主体であっても互いがその地域に共属しているという意識を有していること、そして、最後の四つはその地域の日常生活において各主体は相互に依存しあい、補完しあうという社会的実践原理にもとづく協治活動を展開していること、などが協働組織化の基礎的条件となりましょう。

　このような協働のための基礎条件を有している地域空間は規模的にみた場合、小規模であります。また、人間関係作用面から考えても互いが認知可能な身近さにある小規模の社会的空間になるようです。さらに、地域の統治ないし自治の面では地域社会の特性と小規模性を活かしつつ生活者同志の協力連携により、地域創造的で、かつ、生活文化的、生産技術的な諸側面にわたり協治力（協働自治力）を発揮していくことが求められます。

　要すれば、協働の組織化には生活者としての集住性、生活の場の歴史・文化・資源の共創性、社会的空間としての小規模性と協治性、人間関係面において生活の知恵に裏打ちされた親近性（身近さ）や相互依存・相互補完性を有すること、そして、生活の場〈空間〉への共属性などが必要不可欠であります。協働組織を運営していくためにはそれらの要素を運営ルールに取り込んでいかなければなりません。そうすることで、地域社会の発展と維持のために協働するルールの創造により、社会の変化に対応できる協治力も高まっていくと考えられます。

5．協働組織の運営に必要な要件

　様々に異なる主体でありながらも一定地域に共属しているという意識を有しておれば、各主体はその地域のあり様について「現状よりもより良い状態にしたい」と考えるのが普通ではないでしょうか。日本の農村社会では昔から、農業を生業として生きていくためにはそのための条件整備をはじめ、その地で暮らしていく上で必要な事柄をみんなで協力連携し創造していくという、生活習慣の伝統がありました。その伝統は、その地で暮らしている人たちの、その地に対する共属意識の中から生まれ、その地のために必要な事柄を皆で力を合わせ、助け合いながら整えていくことであり、現在でもその伝統は息づいているのです。つまり、その地への共属意識を基礎に、各主体は互いに共有できる目標を設定し、その目標を達成していくために協力連携していく「組織的集団作業体制」（協働組織）を編成し、今日でもそれを運営してきているのです。

　だが、各主体はそれぞれ活動目的や性格がことなり、また、各主体が保有している能力、資源、技能、規模などにもそれぞれ差異があるため、共有目標の達成には協力連携する範囲や程度にも差が出てくるのです。それゆえ、各主体が保有している能力を共有目標達成のためにどのように発揮していくかについては一定の規準を設けたり調整したりするルールの設定が必要とされるのです。

　いうなれば、共有目標達成のためには各主体はそれぞれが保有している資源や知恵や技能や労力をどのように出しあっていくべきかという基準の設定が必要であり、それなくしては協働組織の円滑な運営は難しくなるということであります。

　そこで、協働組織の運営にはどんなことがらが必要であるか、そしてつぎに、どんな基準にもとづいて運営していけばよいか、ということについて、協働の実態を観察しながら考えてみましょう。

　まず第1には、一定地域に集住して生活している人々が互いに協力連携し

あって協働していくためには何が必要でありましょうか。この点、直截にいえば「目標の共有化」であります。それは、一定地域に集住し暮らしている人々が「その地域を、現状よりもより良い状態にしたい」ということです。それなくして地域住民は、互いに心を合わせ、力を出し合い、助け合っていくという協働や協治の精神を発揮することはできません。だから、目標共有化のためには先に述べましたように、当該地域への共属意識をはじめとする諸条件が必要となり、それにはその地域の社会的、自然的、歴史文化的な特性に関する共通認識が求められるのです。これらが地域住民の自治意識や協治意識を高めていくとともに、各主体が相互に協力連携していくことで当該地域における目標の達成力強化にもつながっていくのです。さらに各主体は相互に依存しあったり補完しあったりしながら社会の変化にも対応していきますが、それに対しても異なる主体のつながりが生み出す協治力が社会的有効性を高めていくことになります。

この考え方からすれば、異なる主体からなる「協働組織の運営」には基本的に小規模性と共属性と協治性に立脚した「組織運営のルールと手法の確立」が不可欠になると考えられるのです。

第2は、協働の原点は、人と人のつながり〈絆〉が生み出す社会的力にあることから、その力を上手く活かしていく方法を考えていかなければならないという点であります。それには社会を良くするというか社会問題の発生率を最小化していくというメタポリシーの考えと協働が生み出す社会的力とを融合させていくことが重要となります。というのは、協働は組織を構成する各主体に対し、高い見地から単一主体の限界を乗り越える方法を教えてくれるからです。

つまり、協働組織を構成する各主体は並立・対等の関係を前提としており、主体間に上下関係はありません。互いに困ったことがあれば皆の力でそれを解決処理していくのが協働であります。それゆえ協働は、自己責任で処理することを主義とする「新自由主義」の考え方とは相容れないのです。地域の生活者が自己責任を果たしていけば、地域社会が抱えている問題は解決処理

されていくでしょうか、しかもそうした社会は優れた社会といえるでしょうか。私にはそう思えません。なぜなら、そこには人と人とのつながりが生み出す力を見て取ることができない、いわば自己責任の限界を乗り越える力が見られないからです。いくら自己責任で処理するといってもそれには限界があり、それを乗り越えていこうとすれば他者の知恵や力を必要とするのです。それにはつながりが生み出す社会的力を借りることが必要であるのです。

　第3は、協働組織の運営にはどのような視点からのルールづくりであればその組織は円滑に運営できるかということです。異なる活動目的と性格をもち、規模も様々な構成主体からなる「集団的作業体制」としての協働組織は共有目標を達成していくために必要な運営ルールが確立されていなければなりません。では、それにはどんな内容を盛り込んだルールにしていけばよいでしょうか。その重要なポイントを列挙するとすれば、①協働組織の活動目的を謳い、②協働組織の意思決定方法の明示、③協働組織への参加資格〈個人・集団・団体〉の明示、④協働組織の事務局の役割と責務の規定、⑤協働組織の各種運営委員会の設定とその役割責務の明示、⑥役員の選出方法と役割規定の明示、⑦協働組織の活動内容に関する情報公開の規定、⑧協働組織の総会ないし全体会の定期開催とその権能に関すること、⑨各種専門分野ごとの作業部会設置に関すること、⑩その他社会的な要請に対応できる必要な措置規定を設けること、などが挙示できます。おそらく、これ以外にも臨機応変に、状況に応じて組織が円滑に運営され、一般市民の支持が得られるようなルールの設定もしていかなくてはなりません。

6．協働のまちづくりにみる「新たな公」との関係実例

　1977年、静岡県掛川市に新たな市長が誕生しました。新市長はその後、2005年までの七期28年にわたり、生涯教育政策を柱に市政運営に取り組んでこられました。この間、掛川市民には税外の拠出金ともいえる60億円を負担していただいたわけです。何のために、どのような方法で、そのように大き

な金額を市民は負担したのでしょうか。この点を解剖していくと、日本における協働の移り変わりと公共事業のあり方の変化を見て取ることができるようです。その点、以下に掛川市と下條村を例に取り上げ、若干、述べてみたいと思います。

（1）掛川市の例

「住民は要求し続ける、行政はそれに応え続ける」という関係が続く限り、真の自治行政は育たないのではないか。では、どうすれば健全な自治行政や地方自治は育つのか、この点について深く考えていた榛村純一さんは、1977年の市長選に立候補し、見事に当選しました。榛村さんの持論は市民が納入した少ない税額の範囲で、どうすれば住民が納得する事業を進めていけるかにありました。長い間中央集権構造の末端にあって、地域住民の要望に応えていく際の市町村は、自主財源の乏しさゆえに、もっぱら依存財源である補助金、助成金、交付税、地方債などに頼って事業を行わざるを得ませんでした。

榛村さんはそうした自治行政の実際に疑問を抱き、自主自立（律）的な自治行政の確立を目指す方法として二つのことを考えたのでした。

その一つは行政職員に行政コスト意識を高めてもらい、そのための努力を幹部職員だけでなく、常時、全職員が払っていくこと、

その二つは地域住民にも行政依存の意識構造から脱却してもらい、自分たちが暮らしている「場」の問題発見とその解決処理のために、自分たちが有している資源や能力を活かしていくこと、でした。

この二点は、地方自治や自治行政の根幹にかかわる重要な内容を有しています。地方自治はその地域の住民の皆さんが自分たちの力でその地の問題を掘り起こし解決処理していく政治様式のことでありまして、何も中央政府から補助金をもらって当該地域の問題を処理していく様式ではありません。また、自治行政は単なる市町村という地方公共団体の行政ではなく、当該市町村民の意思と力を基盤にして執り行われる政治行政様式でもあるのです。

このように当該地域の自主自律性を基礎にもつ自治行政が、自分で考えな

いでなんでも国の意向に従い、なんでも国に依存し、財源が足りなければ国に支えてもらうだけなら、そしてまた、市町村民がみずからの知恵や能力を発揮せず、国の意向や行政に依存するだけなら、自治行政の存在意義も失われていくでしょう。では、そうならないためにはどうすべきでしょうか。

　掛川市域には日本の経済社会の大動脈である東海道新幹線や東名高速自動車道が走っております。しかし、市域には新幹線の駅もなければ高速自動車道のインターチェンジもなく、掛川市民の便益には役立っておりませんでした。市民の間からは駅やインターの誘致の声が絶え間なく出されておりまして、新市長はこれへの対応を、持論である市民の生涯学習政策で訴えたのです。

　人口8万人弱の掛川市民に対し、ただ要求要望をするだけでなく自分たちの力で出来ることをやっていきませんか、これまでのように皆さんの要求を行政がうけとめていくだけなら、それには長い時間と莫大なお金が掛かります、この町で暮らし、駅やインターを日常的に利用するのは掛川市民である私たちです。そうであれば、駅やインターの誘致は自分たちの力でやっていきましょう、どこかに依存するのではなく自分たちでお金を出し合ってやっていくのが筋ではないでしょうか。それができなければそれらの誘致は皆さんの期待通りにはなりません。国依存や行政依存を脱して自分たちの力で誘致しようではありませんか、自分たちがまちづくりの主体になって進めて行こうではありませんか、と訴えたのです。自分たちのまちを自分たちの知恵やアイディアと、人と人のつながりが生み出す力で、また、資源や労力で、将来世代にも誇れるような立派なまちをつくり残していく、その大切さを市民に問うたのです。

　これに対して多くの市民は賛同しました。その結果、なんと世帯当たり平均10万円にも達する寄金が寄せられ、総額60億円にも達したのです。これにより、新幹線駅前通りの整備をはじめ、駅前広場の整備、駅ビル物産館の建設が可能になり、新幹線掛川駅ができることになったのです。同様にして、後発の東名自動車道の掛川インターチェンジもできまして、掛川市民の日常生活に多大な効用をもたらしていくことになったのでした。

第3章　日本における協働のまちづくり

　榛村市長の口癖は、自治体が行う事業は誰のための事業であるか、何のための事業であるか、誰が主体となって進めて行く事業がベターなのか、をつねに意識し、自治行政における事業主体のあり方を追い求めていくということでした。そして、住民主導型の公共事業こそ自治行政と地方自治の充実・強化にとってもっとも相応しい方向であると主張されていたのです。

　従来の、住民は税金を納め、議会が決定し、それらに基づき行政が執行していく、いわば行政主導型の公共事業とは異なり、どちらかといえば住民が問題提起と解決策のアイディアを出し、そして、その解決処理に当たっては住民自らの力と、自分たちのつながりの力（民・民協働力）で対処し、さらに難しい問題では行政と住民が連携協力して取り組む、公・民協働の体制で対処していくという「『新たな公』の考えに基づく公共事業の概念」を導き出していったのでした。

　掛川市では、こうした概念に基づく新しい公共事業が毎年300事業をこえているそうです。その効用は住民が問題の提起だけでなく、その解決処理にわたっても従前より自分たちの力を積極的に発揮していくようになり、そればかりか、その後の維持管理面でも住民たちが取り組んでいくようになったということです。このような住民たちの「協治力」の向上により、真の自治行政というべきか、つまり、自治プラス行政の3E（経済性・効率性・有効性）の自治行政になってきたということであります。

（2）長野県下條村の例

　南信の天竜川沿いに位置する下條村は、人口4000人ほどの山間の村です。過疎化が進み、少子高齢化で人口も減少の一途を辿っていました。1992年、それまで村議を勤めていた伊藤喜平さんが村長選に立候補しました。僅か98票差で当選しましたが、その後6期24年にわたり2016年まで村長として過疎化に立ち向かってきました。

　地元で生まれ育った伊藤さんは高校卒業後、父親の後を継いで家業の運輸業に就き、その後、ガソリンスタンド経営や自動車の販売・点検といった小

規模の事業経営を拡大させてきた人物でもありました。その経験から彼は、事業経営と同様、村の行政経営でも強いコスト意識をもって取り組んでいく必要を強く感じていたのでした。そこで、彼の村政運営に当たっての基本的考え方を、そしてその内容や手法を役場職員や村民に訴えたのです。その内容を見ていくとしましょう。

下條村は典型的な日本の農山村社会であり、そこで暮らす人々は昔から手を取り合って生活してきているのです。しかし、時代の変化はそうした社会を呑み込んでいきました。中央集権的行政の進展、国主導の高度経済成長政策、産業構造の劇的変化、それらに伴う急激な人口移動と都市化現象、およびそれらに伴う価値観の多様化の浸透拡大などによって、山間地域社会は衰退の一途を辿ってきたのです。

下條村は人口が減少していくだけでなく、少子高齢化していく。残された住民は自主自立性を弱め、かつて農村社会にみられた住民同士の相互依存・相互補完の生活様式は影を潜める一方、それに代わってなんでも行政に依存していくようになる。その結果、村行政は依存財源に頼りながら運営されていくようになり、自治行政的取り組みはみられなくなりました。行政体としてもコスト意識は低下し、掛かった経費が行政コストという状態に陥っていったのです。

村が生き残るためにはこのような状態からの脱却が必要でありました。それにはまず、下條村の現状を住民に詳しく説明し、自治体の存立に関わる問題として危機意識をもってもらうこと、ついで、村行政としては国依存体質からの脱却を、村民に対しては行政頼みからの脱却を目指し、さらには、そのために住民と行政は何をしていくべきかについて知恵を出し、汗をかいていくことでありました。

その結果、かつて農村社会を支えてきた「力」は何であったかを振り返り、それをいかにしたら取り戻せるか、そして、新たな時代の要請にも応えていける点はなにかを、村民と一緒になって考え、明らかにし、その実現に取り組んでいくことでありました。村政の舵取り役に就いた伊藤村長はこのよう

な課題意識をもって「村づくり」に取り組んでいったのです。

　下條村の自治行政の直接的な担い手は村役場の職員たちであります。だからまずなによりも先に、彼らに村長の考えを理解させ、下條村の自治行政とその取り組み方はこういうものである、という姿を頭に叩き込み、それを実践に結び付けていくことでありました。そして同時に、職員の力を借りて下條村民にもその内容を詳細に説明し意見交換を行い、村民のアイディアと工夫、理解と協力を実践行動に取り込んでいく方法をとっていったのでした。

　その具体的内容は、行政に依存しなくても自分たちの力で出来る事業領域はなにか、それはどういった内容か、行政頼みの場合と自分たちで処理した場合のコストの違いはどうか、人口減少を食い止め、若者を呼び寄せる手立てはないか、あるとすればその内容と方法はいかに、といった具合であります。村民と行政が村の現状を共通理解していくことにより、村の先輩たちが農村社会を支えてきた「つながりが生み出す力」である「協治方式のもつ自治力」を掘り起こしていったのです。

　このことにより、これまでどっぷりと浸かっていた、お上意識、官依存、他力本願、という依存体質から脱し、自分たちの力で下條村を活性化させていくという協働自治力の重要性に村民も村行政も気づき、他力本願からの脱却に取り組むとともに、村民同士や村民と村行政の協働を積極的に進めていったのでした。その結果、人口減少はストップするどころか逆に増加傾向に転じたのです。それにはたしかに、若者の流入促進としての集合住宅建設、保育所や幼稚園の整備政策などが功を奏した面もありますが、そればかりではなかったようです。高度経済成長が一段落し、都市化現象も落ち着き、人々の価値観が多様化していくことにより、都会より農山村部でスローライフを送りたい人たちが増えてきたことも下條村を後押ししてくれたようです。それゆえ、下條村の流入人口に対する、若干、押し付けがましい「義務感をもって」とか「連帯感をもって」とかいう方針も比較的容易に受け入れられたようです。つまり、若い流入者には農山村暮らしの生活様式と抱えている問題の理解を求める一方、他方で、行政頼みの生活ではなく「自律性と連帯

性からなる人々のつながりが生み出す力」の発揮を求め、依存体質からの脱却を図った、ということです。その結果、下條村は「奇跡の村」と呼ばれるほどに全国自治体の注目を浴びることになったのでした。

おわりに

　例示しました掛川市と下條村における「協働のまちづくり」に共通している点は、時代が移り変わるにつれて人々の意識や価値観も変わっていくけれども一定地域における人々の暮らしを支え、活力を生み出していく原点は「人と人とのつながりが生み出す力」であるという点のようです。それには自治と協治の原点がみられ、多様な主体が協働する知恵と工夫の発揮が読み取れます。

　私が生まれ育った九州の地理的中心地、熊本県山都町においても紹介した内容と類似の協治力が発揮されております。それは農山村で暮らしていくための宿命とも思える生活様式ですが、その地で暮らしている人たちが皆で力を出し合い、心を合わせ、助け合って互いの生活を活力あるものにしていく点です。その原点は人々の相互依存と相互補完のつながりが生み出す「自治と協治」にあります。農業用水路をつくり、維持管理し共同利用していく、集落間の道普請も皆で力を合わせてやっていく、冠婚葬祭も、集落の問題解決も寄り合い方式でルールをつくり、コスト負担割合もその都度話し合って決めていくのです。

　このような方式が伝統的な日本の農山村社会における「協働のまちづくり」の姿であります。社会の変化、時代の移り変わり、人々の価値観の変化などにより、その姿が弱弱しく見える時期もありましたが、しかし、その精神は全国の各地で受け継がれており、日本人の協治心として脈々と生きつづけているのです。

　ご清聴有り難うございました。

第4章　これからのコミュニティづくり
～行政と住民の接点領域を活かす～

はじめに

　ただ今ご紹介いただきました荒木です。これからコミュニティについて話をしてまいりますが、コミュニティとは何か、と問われても、その答えは社会科学者が10人おれば10通りの答えが返ってくるほど多義的ではないかと思います。すなわち、コミュニティという言葉のもつ意味はすこぶる多義的でありまして、１＋１＝２というような、論理的に明解な答えは導き出せないということです。

　私たちが常日頃使用している「政治」とか「社会」とか「経済」とかいう社会科学用語も多義性に富んでおりまして、それだけに曖昧さを含んでいます。

　たとえば今、小学６年生の児童生徒が皆さんに、「社会」とは何ですか、どういう意味ですか、と尋ねてきたら、皆さんはどのように説明されますか。意味の説明も難しいですが、説明する対象によって、説明の仕方や内容を考えて答えなければなりません。どの程度の内容をどのように説明していけばよいか、このことも大変ですね。

　さて、コミュニティとか地域共同社会とかいう場合、わたしたちがイメージするのは、人々が一定の地域空間で何らかの纏まりをもって暮らしている「場」や「所」のことのようです。つまり、人々が暮らしの「場」として共有している「所」がコミュニティであり地域共同社会である、ということでしょう。そして、そこにはどうやら『地域性』ということと『共同性』ということがあるようです。だから、コミュニティとは何かと問われれば、これまでは「地域性」と「共同性」という要素からなる一定の地域社会的空間であると説明されてきました。

　しかし、人々はいかなる理由で一定の地域空間に集まり暮らしていくのか、いかなる目的で共同するのかという、その理由や目的とともに、その一定地域の広狭範囲や自然地理的条件についても考えていく必要があるようで

第4章　これからのコミュニティづくり

す。そして、そこでの暮らしにはどういう人間関係がどのような秩序でもって育まれ営まれているかの定理や特質を明らかにしていかなければならないでしょう。そのうえで、斯く斯く云々の要素が働く「人間関係作用の状態」が「社会」である、というように説明していかなければ、なかなか理解してもらえないかもしれません。

　ことほどに社会科学が対象とする用語は人々が日常的に使用しながらも、その用語のもつ意味を明解に説明することはたいへん厄介で難しいといえます。

　しかし、難しい、厄介だ、と叫んでいても、自分たちが暮らしている社会とはこういうものであると説明できなければ、期待する社会は築いていけません。

　ここでは人々があるまとまりをもって暮らしている実際の地域空間（集落のような）を念頭におき、そこにおいて人々がどのような人間関係を築きながら組織集団的な生活をしているか、つまり、その社会の生成と運営に関わっているか、という視点から「コミュニティ」について考え、お話をしていくことにしましょう。

1．コミュニティとは何か

（1）地域社会の変容と自助活動

　人はあるところで生まれ育ち、その地で他者と触れ合いながら生涯を送る人もおれば、なんらかの事情により生誕地を離れ、見知らぬ世界に移り住んで過ごす人もおります。また、一定地域の社会経済的条件や自然地理的条件の相違によって自給自足が可能であるところもあればそうでないところもあります。さらにはそこでの人々の生活様式や時代の移り変わりにより、生活していくために必要なサービスのほとんどを他者に依存して暮らす、あるいは他者に補完してもらいながら暮らしていかざるを得ないところもあります。

75

一般に、定住性が強いといわれるところは相互依存・相互補完の人間関係も濃密で、そういうところは一次産業を中心とする農山漁村社会に見られ、自給自足の可能性も高いといわれます。それに対して、定住性が弱く移動性が強いところは相互の人間関係作用が希薄化し、自給自足の生活もむつかしく、どちらかといえば二次、三次産業を中心とする都市型社会がそうだといわれております。

　上に述べたことは、ステレオタイプの常套句的な論理に基づく見方ではありますが、社会やコミュニティを説明していく上で重要な内容を提供しております。つまり、人々が一定のまとまりをもって暮らす地域空間が存在すれば、まず、それはどのようにして生成されてきたのかを考えてみる必要があるということ、そして、その生成に必要な要件はなんであったのかを析出していかなければならないということです。それらを考えていくうえで常套句とはいえ、先述の内容は多くの示唆を与えてくれるのではないかと思います。

　かつて、V．パッカードというアメリカの社会学者が『見知らぬ人々の国』（A nation of strangers）という著書を1973年に書いております。そのなかで、先進5カ国の人々の生涯転居（移動）回数を調べて比較分析しておりました。それによりますと、日本人は平均、生涯4回程度転居する。それに対してアメリカやイギリスは日本の2倍を越える10回以上、ドイツやフランスは日本の1.5倍から2倍程度の6〜8回とのことです。つまり、日本は先進諸外国に比して定住性が高い、ということのようであります。

　ところで、農耕民族は生きていくための食糧を確保するため、土地を耕して暮らしていくので一定地域に定着する傾向が強いようです。それに対し、遊牧民族は飼育動物の飼料を追い求めながら移動していく暮らし方をするので、一定地域への定着性は弱く、移動率は高くなり定住率は低くなるという見方があります。

　また、今一つの見方としては社会の進歩発展にあわせた見方、つまり、人口移動と価値観の多様化に伴う人間関係の希薄化についても語られます。さらには、新天地における地域づくりのために、定住性のもつ人間関係の有効

性と住民自治性の充実・強化についても語られます。

　端的にいえば、技術開発が進み、産業が高次化し、それに合わせて二次、三次産業が立地する地域に労働力が集積していく、その労働力は一次産業地域の農漁村部からであり、それが都市部へ移動していくことにより社会を変化させる、いわば都市化現象に伴う地域社会の変化として分析され、論じられるケースが多いということです。

　このようにして、社会の進歩発展に伴う時代の変化が地域への定住性や住民自治性を弱め、さらには人口の都市集中が人間関係を希薄化させ自治性を弱体化させていくというのです。その結果、「見知らぬ人々からなる地域社会」が創出されて「地域社会の崩壊」とか「コミュニティの崩壊」とかが叫ばれるようになってきたといわれているのです。

　このように述べますと、新たに人口を吸引する力（pull-factor）が働いた都市部地域だけの問題のように思われがちですが、逆に人口を押出する力（push-factor）が働いた農村部の地域社会の問題でもあるのです。たとえば、かつて地域社会の維持管理のために盛んに行われていた地域住民の共同作業が今やその範囲や量が狭小化し、一昔前までの濃密な人間関係と地域の自治力を支えてきた「地域の共同生活習慣」も衰退の方向にある、と指摘されているのです。

　かくして農村部の地域社会では、かつてのような共同体意識が薄くなって個化現象が進み、それに比例して人間関係は希薄化してきております。隣近所の世話にはなりたくない、自分のことは自分で処理する、それができない場合は行政に依存する、といった傾向がそれを物語っています。しかし、そうした意識と行動の生活態度では農村部の地域社会は活力喪失の一途を招きかねません。

　近年、そのことに気づかせてくれる現象が問題視されるようになってきました。それはわが国のトータルとしての人口減少、つまり、ダウンサイジング現象であり、人口の高齢化現象であります。

　60年代から言われ続けてきた右肩上がりの人口増加、経済成長、GDPの

増大は、どんなに技術革新が続くとしてもそれらが未来永劫に続くとは思われません。全国の自治体が策定する総合計画を眺めていますと、どの自治体も右肩上がりの将来人口推計を行っています。どうやって人口を増やしていくのでしょうか。国全体としての人口減少が予測される中、都道府県や市町村は人口増大を予測する、何か変ですね。諸外国から人を呼ぶのでしょうか。統一性のない政策思考はやめるべきでしょう。

　近い将来まで人口増加が続くと予測されるところは三大都市圏だけであるといわれております。そうした圏域でも人が住み、働き、学び、楽しみ、憩うという、暮らしていくための基本的な環境条件が整っていなければ、間もなく右肩下がりの減少方向になっていくであろうともいわれているのです。

　従来の成長重視の政策では特殊出生率低下、高齢者人口の増大とその地域的偏在性、生み育て働く環境条件の悪化などを顕現させて、現代人の暮らしはバランスを失いつつあります。そこでは当然のことながら従来の政策思考を転換し、人々が安心して暮らしていけるような方向を探し求めていかなければなりません。その政策的焦点の一つが地域共同体の再生とかコミュニティの再生とか呼ばれる「地域活性化方策」ではないのかと思います。

　以上のことについては既に、都市、農村を問わず、地域生活者である住民の皆さんが気づいておられることであります。かつては地域住民みんなで地域に役立つ共同作業を行っていました。しかし、最近の地域生活ではそういう共同作業も少なくなり、利己的で自分中心的な生活パターンに変わってきております。その結果、地域社会は社会としての活力を失い、地域住民は自分が直面した問題の処理に追われ、地域の問題処理に皆で取り組んでいた公助・共助の意識や行動は後退してきました。自己が直面している問題でも場合によっては地域の問題と一緒に行政にその処理を委ねるようにもなってきているのです。

　農村部では働き手である若い人たちが都市部へ流出し、地域は高齢社会化して地域問題の解決処理能力は低下してきました。都市部では近隣住区でさえ見知らぬ人々の世界となり、希薄な人間関係に陥ってなんでも行政に依存

第4章　これからのコミュニティづくり

するようになってきたのです。いわゆる行政依存型人間が農村部でも都市部でも出現してきているのです。

　では、地域社会を構成し、そして、その社会の運営管理を担っているのは誰でありましょうか。制度上の信託関係にある政治行政機関でしょうか、それとも地域社会を構成しその運営管理の役割を日常的に担っている当事者としての地域住民でありましょうか。

　この点、敢えて問うまでもないでしょう。当該社会の運営管理に関する究極の権限と責務はいうまでもなく当事者としての地域住民にあります。その場合、問題は、住民自身で運営管理可能な地理的空間としての範域と、何人ぐらいまでの人口規模であれば住民同士が直接的に意思統一できるか、つまり当該地域の問題解決のために自分たちで適切に意思統合し・処理できるかという社会的空間の範域のことです。

　あまりにも範域（面積）が広く、そしてあまりにも人口が多ければ住民自身の手で当該地域社会を運営管理していくことは非常に難しくなってしまいます。そこでは、住民自治が有効適切に働く条件の検討が不可避であろうと考えます。もちろん、その基礎前提としては、当該地域社会の自然地理的条件や産業構造を反映した人々の生活条件などがどのような状態であるか、という地域特性を把握しておくことは不可欠であります。

　そうした点の合理的根拠を探ってみましょう。たとえば、欧米におけるコミュニティの様子を眺めてみますと、規模的には小規模で、自治的には強固な面が見られます。日本の場合でも歴史書に学びますと、日本的コミュニティは、昔は、人口規模も地理的空間としての面積も小さく、自分たちの意思で生活の場を創造し運営してきたようであります。だが、わが国の場合、近代国家として歩みはじめたころより、上からの意向が強く働いて村落の合併を余儀なくされ、明治、大正、昭和、平成の各時代を通じて、地域社会は合併に振り回され、地理的空間としての面積の規模は拡大し、人口の規模は増大してきました。

　その影響を受けて、最近、「地域社会の核」としての役割を担ってきた小

中学校や高校の統廃合が頻繁に進められております。人口減少に伴う行財政の効率化の要請が背景にありますけれども、それは地域社会の活性化とは逆行する方向にあるように思われるのです。

　地域住民にとって地域管理しやすい空間の大きさは、当事者住民の地域目標の理解のしやすさ、当事者住民同士の共同作業のしやすさ、地域生活の当事者としての知恵や意見の出しやすさ、などから考えていく方が地域の活性化にとっては有効的でありますし、かつ、地域住民としての主体性の発揮がしやすくなるのではないでしょうか。否むしろ、その方が結果として行財政的にも有効性が高く効率的であろうと考えられます。つまり、地域住民が可能な限り直接的に意思を反映させ、力を出し合って地域を活性化していく、いわば「協働自治力の発揮」がしやすくなる規模とシステムを基礎に考えていくべきだということです。

　そういう観点からしますと、いま、地域社会は合併政策に翻弄され、その矛盾の渦の中に漂っているといえるのではないでしょうか。たとえば、合併によって自治体としての規模が大きくなりすぎ、住民の声が届かなくなった、だから合併前の町村単位や統廃合前の学校区単位に新たな区組織（行政区・自治振興区・学校区などのような）をつくり、そこに地域づくりのための権限を委譲する、つまり域内分権を図って住民の声が届くようにしていく。そのうえでコミュニティの再生とか地域社会の活性化を推進していくとする政策なのです。それは合併前の地域社会の状態であったわけで、それを合併という政策で一度壊し、合併結果の不都合部分を取り繕うために域内分権を図るということのようです。それははっきり言って政策の無駄といえるものではないでしょうか。その政策の無駄を地域社会は押し付けられ、それに翻弄されているのです。

　そこでは規模の経済論理に目を奪われるばかりでなく、地域共同社会の「肌理細やかな人間関係の論理」とそれに基づく「地域住民の協働自治力」の発揮と「地域活性化にとっての効能」にも目を向ける必要があると思うのです。

第4章　これからのコミュニティづくり

（2）アメリカ合衆国の自治体創設にみるコミュニティ

わが国における地方制度の制定前後における村落共同体（基礎自治体）と欧米諸国の基礎自治体を自治的機能の側面から眺めてみますと、その内容はどうやら対照的であるようです。

1977年夏、アメリカ合衆国における自治体の創設はどのようになっているかを現地で調べる機会がありました。ご承知のように、アメリカ合衆国は国土のすべてが法人格を有する自治体区域によって覆われてはいません。

日本の場合であれば、富士山の頂上であれ琵琶湖の真ん中であれどこかの市町村になりますが、アメリカ合衆国の場合は原則として、人が住んでいないところはどこの市町村にも属さないのです。また、人が住んでいても自分たちで当該地域を自治していく意識やその気がなければ、もっぱら州の行政区域であるカウンティには属するけれども、そこは自治体区域にはなっておりません。

では、アメリカ合衆国の場合、ある地域が法人格を取得して自治体区域になるとはどういうことでしょうか、そのことについて若干触れておきましょう。

アメリカ合衆国は50州からなる連邦制国家であり、国土は50の州によって覆われています。各州は州としての行政サービスを満遍なく生産供給しており、そのため、各州は州域をいくつかに細区分して行政機能を遂行しているのです。つまり、人が州内のどこに住んでいようとも州法に基づいて均衡ある州の行政サービスを受けられる仕組みになっているのです。この、州をいくつかの区域に分けた一つ一つがカウンティと呼ばれているのです。そしてそれが州の行政を効率的に行うための区域となっているのです。したがって、このカウンティ区域は一応、アメリカ合衆国の国土全体を覆っているといえますが、しかしカウンティは法人格を有する自治体ではなく、あくまでも州の行政出先機構であり準地方自治体と呼ばれ、その役割と権限は州法に基づいて機能しているのです。

81

では、法人格をもった地方自治体はどのようにしてどこに誕生するのでしょうか。いま、カリフォルニア州における自治体の創設過程をみてみましょう。

　まず、カウンティ区域内のある場所（未法人地域）に人が住みはじめます。その場所は自治体として法人化されていない、ある地理的空間です。そこに後から他の人たちも次々に移り住み、定住するようになったとします。何年か経って定住者たちの間にコミュニティ意識が芽生え、一定の纏まりをもったコミュニティが生成されていきます。そこでの公的サービスはそのコミュニティを管轄している州の出先行政機構たるカウンティ政府が生産供給していくのです。それは州法に基づきカウンティ政府が行政サービスを生産供給していくという仕組みになっているからです。

　要は、そのコミュニティ住民が日常生活においてカウンティ・サービスに満足しておれば問題はないのですが、現状のサービスに不十分さを感じ、新たな分野の公的サービスを要求したい場合にどうするかということです。それに対しカウンティ政府は直ちに応えていくことはできないのです。

　こういう事態に遭遇した場合、コミュニティ住民たちはどうするか、が問題となります。

　アメリカの場合は、個々のサービスの生産供給に応じて税を負担する、いわゆる目的税が主流ですので、新たな税を負担したくなければ新たな公的サービスを我慢するか、それとも、どうしてもそのサービスが必要であれば新たな税を負担してサービスをうけるか、の選択をコミュニティ住民は迫られるのです。

　コミュニティが一定程度纏まっていても税という経済的負担を伴うと、公的サービスのコスト負担をめぐって揺らぐことになります。そこで、コミュニティのまとめ役（proponent）が発起人になり、コミュニティが自治体になれば自分たちで自治的に運営していくことができることを、公聴会を開いて説明し、その是非をコミュニティの住民投票にかけていくことになります。それと同時並行的に、自治体になった場合の統治機構と構造、サービスの種

第4章　これからのコミュニティづくり

類とその生産供給システム、行政運営の仕組み、目的税の種類、行政職員数、条例や規則の基本枠組みなどを用意して、カウンティ政府内にある「地方団体設置委員会」（LAFCO）に提出することになります。当該委員会はその内容の審査を行い、そして、コミュニティが自治体になった場合に公的サービスの生産供給水準が、現在のカウンティが提供しているサービス水準を下回らないかどうかをチェックするのです。もし、下回ると判断されれば、自治体設置申請書は却下され、つぎのセンサス結果が得られるまでは再び申請できないとされています。

　幸いにもコミュニティ住民投票で過半数が得られ、LAFCO（Local Agency Formation Commission）【地方団体設置委員会】の審査をうけた結果、それに目出度くパスすれば自治体（シティ、タウン、ヴィレッジ）に成れるのです。このことをインコーポレーション（incorporation）と呼び、当該コミュニティが法人格を取得した自治体区域（incorporated area）となり、自治体（municipality）として住民の意思に基づき運営されていくことになります。だから、コミュニティ・レベルでは自治体と呼ばず、未法人地域（unincorporated area）であって、州行政の出先機構であるカウンティ政府が提供する公的サービスだけを受けることになり、そのコストを税としてカウンティ政府に納入することとなります。住民の税負担はその分、軽いといえますが、それが自治体になって公的サービスを受ける場合は、その種類に応じた生産供給コストを自前で賄わなければならず、税負担は重くなります。すなわち、自治体になって「自治」を営むことの厳しさを住民自身が味わうわけです。

　なお、コミュニティは、このような手続きと厳格さをもって法人格を有する自治体になっていくわけで、日本のように制度的に自治体になってしまうのとは大きく異なります。しかもアメリカの場合はコミュニティ住民の発意により、自治していくために必要な基本事項を定め、それを通じて自治の本義を理解し実践していくことになるのです。

　その基本事項とは、自治体としての名称、自治の範域、統治の機能と構造、

サービスの種類、税目の設定と税率の決定、専門的行政職員の採用と人数、条例や規則の制定、住民の叡智、資源、技能の動員による行財政の効率的・効果的運営、住民の自発的かつ主体的な協力と理解、などです。その内容をみると、住民自身が自治の重みを互いに味わうことのできる人口規模からスタートしているわけで、その意味では面積的にも人口面でも小規模の自治体であり、当然のことながら、人が居住している範域であること、自治を主体的に発揮すること、という自治性が基礎になっていることはいうまでもありません。

　その点では合併政策によって面積・人口ともに規模を大きくし、住民の発意に依らず上からの方針で自治機能が発揮しにくい自治体を設置する日本の場合とは大きく異なっている、といえるのではないでしょうか。

　しかしながら、地方制度が制定される以前においては日本でも、一定地域に人々が住みつき、その地域の共通目標を実現するべく、地域住民が自律性と主体性をもって自発的に取り組む共同作業の習慣が存在していました。その場合の生活自治は居住者同士が知り合える範囲であったのです。

　それらは、大区、小区、組といった、行政と関係する住民居住区、あるいは、大字・小字という地域呼称の実態から知ることができます。たとえば、大区小区制度の中身をみてみますと、一集落十戸程度を一組とし、五組で一小区、十小区で一大区となっています。それを「字」単位に当てはめますと、小区が「小字」、大区が「大字」に近いようであります。当時の一戸当たり家族構成が六人程度であったとすれば、一集落＝十戸＝一組＝60人程度に、五組＝一小区＝300人＝【小字】に、10小区＝一大区＝3000人＝【大字】に該当するのではないか、と考えられます。

　ふつう、ここでいうところの「小区」は欧米の「近隣住区」に当たるもので、アメリカではネイバーフッド、イギリスならパリッシュ、フランスならコミューン、ドイツならゲマインデ、イタリアならコムーネと呼ばれるものといってよいでしょう。諸外国の近隣住区の人口と面積も、日本の場合の小区に近いようです。

第4章　これからのコミュニティづくり

　つまり、日本でも諸外国でも住民にとって身近な生活の場であり、いつで
も、だれでも、何事についても人々が自由に意見を出しやすい、問題も発見
しやすい範囲である、お互いに顔見知りであって問題の原因や解決策が分か
りやすく、だから、互いに協力し共同しやすく、主体性や自立性も発揮しや
すい範囲である、それゆえ協働自治力も発揮しやすいといったことがコミュ
ニティ生成の土台になっていたと考えられます。そうした点では地域住民の
自治活動がしやすい小規模性と身近性とは各国とも共通していたといえるの
ではないでしょうか。

　要は、そうした小規模性と親近（身近）性とが各国ともに自治の共通要素
であることから、地方自治制度を制定するにあたって、国や地域住民が自治
の側面をどのように認識し重要視していたか、であったと思われます。つま
り、地域住民が、人々が住み着いている地域空間を当該地域住民の意思に基
づき自治運営することを欲し国がそれを認めていたか、それとも国家権力側
が地方を支配の対象としてみていたか、の違いであります。

　中央集権的色彩が濃い国家における、コミューン、ゲマインデ、コムーネ
などと呼ばれるところでも、国家が小規模自治の無駄を省き行財政の効率化
を進めるために広域行政を進めようとしたとき、地域住民の猛反発に遭遇し
てコミュニティの住民自治を従来どおり尊重せざるをえなかったのです。合
併についても住民意思に基づき進める場合は可能ですが、上から強制的に進
めることは困難であったのです。この点、日本の場合と比べると大きな相違
点といえるのではないでしょうか。

　以上のことから、一定地域に人が住みつき、その地域を自分たちの意思と
能力で地域管理していこうとする場合、いずれの国においても共通している
のは、規模が小さいこと（スモールネス）と地域居住者同士の親近性（クロ
ーズネス）と住民意思の尊重（シティズンシップ）、という点であり、これ
らを基礎にコミュニティや地域共同体の活性化を図っているように思われま
す。

（3）コミュニティの揺らぎ

①コミュニティの原型としての村落共同体の内実

　上述してきましたように、「コミュニティ」とは何か、の実態については
おぼろげながら輪郭が浮かび上がってきたのではないかと思います。つまり、
その基盤になっている点は、人々が住みついているある一定の地理的空間を、
そこで生活している人々の意思によって主体的に管理していく、つまり、自
治していくことのようです。それを可能ならしめる要件としては、いつでも、
だれでも、なにについても、自由に考え発言できることを地域住民が共有し、
それらによって纏められ方向づけられ決定された事柄を、各自が参加し、み
んなで協働しながら地域管理（area management）していく、その働きが
必要である、ということでしょう。

　そのために規模は、人々が互いに顔見知りの範囲であり面積的には小さく、
したがって、その人数もさほど多くはなく、地域に対する愛着感と親近さを
醸成できる程度と考えられます。このように考えると、それには面積や人口
の規模と自分たちがこの地域の歴史や文化をつくったという自負心、くわえ
て、それらにもとづく地域への愛着と地域の誇りが土台となり、「コミュニ
ティ」といわれる社会的空間が出来上がってきたと思われるのです。

　先にとりあげた諸外国のネイバーフッド、パリッシュ、ゲマインデ、コミ
ューン、コムーネの場合もほぼ似たような要件の下で形成されてきたといっ
てもよいでしょう。ただ、各国ともそれぞれ独自の自治の歴史と文化があり、
それらを反映してコミュニティが生成されていることは想像に難くありませ
ん。

　日本の場合を見てみると、自然村としての村落共同体の存在がみられ、そ
れが時の権力側（幕藩体制側）の統治方針の中に組み込まれることにより、
お上の意向を強く受けていくことになったようです。しかしながら、村落住
民による地域自治は、当該地域の自然地理的特性と地域住民の生業の特性を
反映しており、お上の意向による地域管理の不行き届き面を補完していたよ
うで、そういう場合は、古老を中心にした村落住民組織が地域管理を主導し

ていた、ということができるようであります。

いうならば、自然村状態のときにその村（コミュニティ）の統治機能を担っていた村役（古老）と村役を支えていた村落住民の力を借りなければ、お上任命の村役（名主や庄屋）の力だけでは大区小区制を制定する場合や行政村にする場合の、「村割り」も「村統治」も出来なかったということです。

このことは、自然村状態において、その地で暮らしている人たちが生業をしていくのに互いが必要とし、かつ、共有すべき事柄を、みんなが知恵を出し合い、労力を出し合って共同処理していたことの証であろうと思われます。つまり、暮らしに結びついた集落社会の生活文化と地域管理の文化がそこで一体化し、それが地域の自治文化として花開いていたということでしょう。これこそが日本におけるコミュニティの原型としての「村落共同体」と考えられる所以ではないかと思います。その意味では先に見たアメリカ合衆国の自治体創設におけるコミュニティの自治機能と類似しており、おそらく、ほかの国々の地域生活の場も同じ様相ではなかったかと思われます。

②都市化と地域住民～コミュニティ意識の弱体化要因～

地域での共同生活がはじまり、そして地域に共属するという感情が芽生え、それらが土台になって地域における住民同士の連帯化の必要と、さらには生活ルールを自分たちで創造していく必要を感じはじめたときに自治文化が根付くと申してきました。では、そのような地域共同体が形成されるための条件としてはどういったことがらが必要だったのでしょうか。

これまで述べてきたことから拾い出してみますと、一つはその地への定住性、二つはその地への共属感情、三つはその地の自然地理的特性と生業の特性、四つはその地で暮らしていくための規範意識の共有、そして五つはその地で暮らす人たち同士の相互依存性と相互補完性の確保、といった事柄が抽出できるようです。これらは地域共同体としてのコミュニティが生成され、安定的に運営されていくための基本的条件であるといえるものです。ですから、これらの条件が不十分であればコミュニティは揺らぎはじめ、不安定な状態に陥っていく危険性があるのです。

ここで取り上げる「都市化」という現象もコミュニティを揺るがす一大要因であると考えました。日本の場合、都市化現象の発生状況を振り返ってみますと、それにはいくつかの要因があり、それらが相互に作用しあうときにさまざまな問題を発生させてきたということが出来そうです。

　その最大の要因は高度経済成長政策に伴う人口移動、続いて産業構造の高次化、それに加えて都市機能の一極集中化現象によるものです。これらが輻輳的に発生することにより、都市部や農村部の地域社会においてさまざまな変化が起こり、かつて安定的であった地域共同体社会＝コミュニティを揺るがせてきたのであります。

　その様子は冒頭の社会変容のところで述べたとおりですが、重要なことはコミュニティ崩壊といわれる現象がなぜ生じたか、どうすればそういう状況から回復できるか、ということではないでしょうか。この点、言うまでもないことですが、コミュニティの生成条件や維持管理条件が都市化によって整わなくなってきた、あるいは既往の条件が失われてきた、だからコミュニティ崩壊につながってきたということでしょう。また、コミュニティ再生については人々の価値観に沿ったコミュニティ生成の条件とコミュニティの管理運営条件たる自治基盤の確立が求められるということではないでしょうか。さらに付け加えれば、これまでの政策構想で重要視されてきた考え方の転換、つまり、合併による規模の拡大や効率化の追及ではなく、地域生活者たる当事者の意思反映に基づく協働型のコミュニティづくりと協働自治力によるコミュニティの運営管理という考え方への転換が必要になる、ということです。したがって、そこでは常に、コミュニティを取り巻く内部、外部環境の変化に呼応して、当該地域の地域性とその地域の主体性を基礎にした、生活者同士の連帯と協力で「コミュニティの揺らぎ」を乗り越えていくべきではないかと思います。

第4章　これからのコミュニティづくり

（4）コミュニティの範域とその構成要素

①コミュニティ範域の動向

あるコミュニティの範域を考える場合、この地点からあの地点までを当該コミュニティであると第三者が言うのは簡単ですが、上述してきましたように、その範域をどのように捉えるかはそう簡単ではないようです。なぜなら、コミュニティは地域の特性とそこに住んでいる人たちの生業の特性を基礎にしており、当該地域居住者の心の中に存在すると思われるからです。

大区小区の区割りのときに申しましたように、お上の指示の下に「ここからあそこまで」というように範囲が決められるのではなく、そこに住んでいる人たちの日常の生活感覚によってそれは定まってくるからです。

たとえば、（1）自分が住んでいる場所を拠点にした日常の生活行動半径を中心に地域を考える、（2）他者との関係性をもとに考える、（3）地域の問題とその解決策に焦点を当てて考える、（4）地域住民同士の協力連携と知恵や資源の出し合いの可能性からを考える、などです。

平たく言えば、そこに居住している人たちが自由に、気楽に、いつでも、だれでも、地域のことについては何でも意見が言える、発言が出来る、心を合わせ、力を合わせ、助け合う親近さがある、といった事柄がコミュニティの範域を定めていくことになる、といえるのではないでしょうか。

このように考えると、コミュニティの範域は必然的にそんなに広くはなく、互いが顔見知りで、地域の共同事業も行いやすく、人間関係も相互依存や相互補完の作用が働きやすい規模であるといえるようです。

②コミュニティ構成要素の側面から考える

つぎにコミュニティの構成要素について考えて見ましょう。埼玉県のコミュニティ・マニュアルでは、広島県が研究した新しいコミュニティの形成要因というか、構成要素を取り上げて、次のような四点を挙示しています。

一つは、「場所」としてのコミュニティである

二つは、「依存と相互組織」としてのコミュニティである

三つは、「共同利用組織」としてのコミュニティである

四つは、「意識集団」としてのコミュニティである

　これらを総合的に考えて見ますと、コミュニティとは「地域」という空間における人間関係作用としての社会的問題ということができます。つまり、ある一定地域の中に住んでいる住民たちがどのような意識をもち、何を媒介にして、いかなる目的を実現していくために共同活動を展開していくのか、換言すれば、生活している場所とその場所における人間関係作用（相互依存作用と相互補完作用）とその場所への共属意識をもとに、その場所で暮らす人たちが共有できる目標の設定とその達成活動に取り組む人たちの組織集団的力＝協働自治力の発揮が可能な範域のことを「コミュニティ」といっているようであります。

　したがって、コミュニティ問題を考えたりコミュニティ施策を進めたりする場合は、ある一定地域のまとまりのある地域空間で暮らしている人たちの自主自律性と自発性を尊重しながら取り組んでいくことが前提になるのではないでしょうか。それがなければ、住民側が考えるコミュニティづくりといったものと、行政側が考えるものとの間には大きな隔たりが生じてしまうのではないかと考えます。

　然らば、そういう隔たりを生ぜしめないためにはどうすればよいか、が問題になります。そこでは当然のことながら、住民の意識構造を徹底的に分析し、住民が何を考えているか、また、生活している場所をどのようにしていきたいのか、といった事柄を詳細に汲みあげていく必要があります。このことは特に、コミュニティ施策を構想する行政側にとって最も重要な点であります。どんなに立派なコミュニティ構想を策定しても、当事者としての地域住民の生活の場についての思いや考えが反映されない「絵に描いた餅のコミュニティ」であるならば、それはコミュニティ施策とは言えないものになってしまうでしょう。

　そこで次に、コミュニティを形成している当事者としての地域住民の意識や行動を知りそして理解し、それに基づく政策を構想するにはどのように取り組んでいけばよいか、について、話をしていくことにします。

2. 地域住民の意識と行動
―生きたコミュニティの生成方向を探る―

（1）住民自治的側面と行政管理的側面との収斂可能性

　先に、コミュニティについての捉え方や考え方に、コミュニティを形成している当事者側とコミュニティ施策を構想する行政側に乖離が発生していると申してきました。では、その隔たりはどうすれば解消されるでしょうか、少しく考えて見ましょう。

　そこで、地域生活者としての、あるいは、コミュニティ形成者としての当事者たちが①自分たちの暮らしの場をどのように思い描いているのか、②それをどのように実現したいと考えているのか、③思い実現のため自分たちは何をしなければならないと考えているのか、④いかなる考え方や手法に基づいて個人、集団、団体、行政などの役割分担を図り「期待するコミュニティ」へ導いていけばよいのか、などを掘り起こしていく必要があると考えました。

　そして、当事者と当事者の思いを実現していくために働く行政とが、いかなる論理に立脚した協調関係を築き、初期の目的たる「期待するコミュニティ」を両者の協働によって創出していくか、その【考え方と仕組みや方法】を論理的に提示していきたいと思います。

　まず、コミュニティを構成する要素と考えられるのは、ａ）コミュニティを生成する当該地域住民、ｂ）当該地域住民が期待しているコミュニティ像（思い）、ｃ）当該地域住民の思い実現に機能する行政、ｄ）当該住民と行政の協調関係、ｅ）目標達成のための住民同士および住民と行政の協働、といった点です。

　いうまでもなく、コミュニティを生み出していくのは、その場に住みつき生活している人たちで、その人たちが互いに協力しあい連帯していかなければその場で暮らしていくことが難しいと思ったとき、人々はなにを考え、な

にを意識し、どう行動していくか、にあります。ですからコミュニティは、そのような要素の働きから生成されているといえるのではないでしょうか。おそらく、人々は皆、より良い生活の場の状態を希求するわけで、その実現のために他の人たちと互いに知恵を出し合い、心を合わせ、力を合わせ、助け合う行動へと繋げていくのです。その場合、自助レベルで可能な領域もあれば、また、互（共）助レベルや公助レベルで対応すべき領域も生じてくることでしょう。

　ここに二つの注目すべき点があります。一つは、よりよい生活の場を求めて自助活動を展開していく自治的な活動の側面であり、いま一つは、生活者の思い実現のために機能する行政への働きかけとしての運動の側面です。コミュニティ生成者としての地域住民は自らの生活の場をより良くしていくために、つねにこの二つのことを意識して行動しているのです。つまり、コミュニティ生成者の意識と行動の原点になるものです。これはコミュニティのために自分でできることを意識し、それを行動に結び付けていくことから出発しているものです。それは自治的な活動面でも行政への働きかけの運動面でも同じです。

　図4－1に示しますように、コミュニティが成熟していく過程を、自治軸上では自治活動の充実度合いとして位置づけ、他方、行政への働きかけ軸上では運動の合理性の高まりとして位置づけます。そして、コミュニティの成熟化方向を自治活動軸と行政への働きかけ軸の中間にとり、自治活動の充実具合と行政への働きかけ運動の合理性の高まり具合にあわせてコミュニティも成熟化していくと考えたものです。

　もちろん、自治活動軸上にはその進化・充実段階状態を示す「自助レベル、互助レベル、連帯レベル、調和レベル」をプロットし、また、行政への働きかけ軸上にはその合理性の高まり具合を示す「参加レベル、抵抗レベル、拒否レベル、創造レベル」をプロットしておきます。そして、コミュニティ成熟化の第1段階は自助レベルと参加レベルに進んだ段階とし、以下、第2段階は互助レベルと抵抗レベルに、第3段階は連帯レベルと拒否レベルに、第

第4章　これからのコミュニティづくり

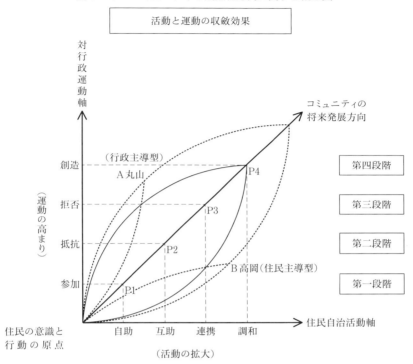

図4−1　コミュニティの成熟化方向に関する概念図

4段階は調和レベルと創造レベルに進んだ段階のコミュニティ成熟化の様子を示したものです。

　喩えて言えば、ある地域の生活者がその地域が抱えている問題を媒介にしてコミュニティ生活者として意識し、行動を起こしていきますが、その場合、一つは自治の方向へ、もう一つは行政への働きかけの方向へ向かいます。最初の段階は自らの努力で解決処理に向かい、つぎは単独では困難だから問題意識を持っている人たちと一緒に互助努力で対応します。その対応過程から連帯化が進み、地域の問題を調和ある方向で解決処理していこうというように変わります。

　他方、生活者レベルでは問題解決の対応が難しいということになりますと、

93

人々は公的領域の役割に目を向け始めます。そして、最初はアンケートに答える程度の弱い参加から、漸次、不平不満を行政にぶつけるような姿勢になり、さらには、この問題のここまでは自分たちで処理できるがこれ以上は無理だから公的領域で対処するように互助集団としての強い要求と行政の甘い処理策に対する抵抗運動に変わっていきます。それでも対応が不十分な策であれば、そんな対応ではだめだとして拒否する運動レベルに向かいます。このレベルになりますと、生活者側も過去の経験則や予算不足などに照らし、問題解決のための知恵や技法を動員する一方、行政施策の修正を求めつつ妥協を図り、行政だけでは無理であった解決策に生活者の能力と資源を注入していくことにより、創造性にあふれる解決策へ導いていくのです。ここにいたっては単なる反対ではない、合理性に富んだ創造的な解決策を示すことのできる「成熟したコミュニティ形成者」へと成長していくのです。これは夢ではなく現実の話です。

　では、このような事例が日本のどこかのコミュニティで見られるでしょうか。それを探してみましょう。

（2）活動と運動の収斂とモデル・コミュニティの形成
①神戸市丸山地区の事例

　神戸市の丸山地区におけるコミュニティづくりを見てみましょう。神戸市のコミュニティ行政は全国レベルでも非常に優れた取り組みを見せてきたところであります。また、丸山地区住民側もそれ相応の取り組みを見せ、行政側が示した施策に対して、さまざまな要求をしたり、参加をしたり、場合によっては行政側の施策案を拒否したりした経験を重ねてきたところでもあるのです。それだけにコミュニティづくりに関する知識も豊富でした。行政側が示した施策に対して最初は、住民側は「闘う丸山」といわれ、その活動は一躍脚光を浴びたものです。しかし、行政側もそれなりの努力を続け、粘り強く住民側との話し合いを続けたのです。その過程を経るうちに住民側も考える、行政側も考えるという形になり、いわゆる「考える丸山」といわれる

第4章　これからのコミュニティづくり

ように変わりました。コミュニティづくりに関し住民も行政も一歩踏み込んで考えあうことにより、さらに進化したかたちの「創造する丸山」になっていったのです。

　しかしながら、コミュニティづくり構想は常に行政側が提示し、その内容について住民側が知恵やアイディアを出すかたちであったようで、その意味では、丸山地区のコミュニティづくりは住民主導型というよりは行政主導型であったといえるようです。それゆえ図上では行政による住民包絡型のコミュニティづくりとして示しております。

　そうはいっても、コミュニティづくりについて、コミュニティ生成の当事者である地域住民の思いや考え方を、さらには住民がさまざまな意見を表明し、それに基づき「期待するコミュニティ像」を示して、行政側が提示するコミュニティ施策に修正を迫りながら両者の妥協点を探っていった点は、住民側の自治的な「活動」と行政側に修正と妥協を迫って望ましいコミュニティ実現を目指した「運動」とがうまく噛みあった収斂効果であり、全国レベルでのコミュニティづくりのモデル的姿を示した点で高く評価されるのではないかと思われます。

②富山県高岡市の事例

　つぎは、住民側の発意と想像力と協働自治力によってコミュニティづくりに取り組んだ富山県高岡市の例を見てみましょう。高岡市の特徴としては、かつての高度経済成長政策の一環でもあった「新産業都市建設の指定」をうけたところであり、また、高等教育機関である富山大学工学部が立地していたところとして示すことができます。とくに富山大学は各学部がタコ足のようにあちこちに分散立地しておりまして、それを一箇所に集めて新しいキャンパスをつくる構想があり、高岡市に立地していた工学部校舎も富山市のほうに移転することになったのです。それにより、高岡市の唯一の高等教育機関として存在していた工学部校舎がなくなってしまうことになりました。

　このことがキッカケとなり、高岡市民は地域の誇り的存在であった高等教育機関、それが移転した後の地域教育のあり方について真剣に考えていくこ

95

とになったのです。そして「高岡市におけるこれからの高等教育をどうすればよいか」が高岡市民の一大懸案事項になっていったのでした。

　そこに浮上してきたのが、まずは、高岡市内各地域の専門家を中心にした「コミュニティ・カレッジ」といわれるものを作り出し、それを出発点にして最終的には普通の大学と同じようにしていこう、という住民側の構想であったのです。そして、この構想をどのようにして実現していくかについて、さらに検討を加えていくことになりました。

　問題は、一つは財源措置であり、もう一つは将来において普通の大学として認可してもらえるかどうか、でありました。この二つの問題は本来、一体的な問題であり、これらについて先進事例を参考にしつつ、大学設置基準を満たすことができるかどうか、そして、認可してもらえるかどうかの検討作業を住民側は進めたのです。そのようにして構想された大学設置案の説明のために住民側は文科省の大学局をはじめ、富山県庁や高岡市役所に出向き、高等教育に対する地域住民の思いと地域の活性化のために果たす高等教育機関の存在意義と役割について訴えたのであります。このような住民側の熱心な自治活動と自助努力に対し、国、県、市といった各レベルの行政側も大いに賛意を示すとともに、制度的対応の技法上の問題や不十分な点については適切な情報提供と助言をしてくれたのでした。

　かくして、「高等教育機関をわがコミュニティに設立したい」という住民側の熱い思いは、各層の行政をも動かし、住民側が立案する構想と計画策定に行政側も参加せざるを得ないようなかたちになっていったのでした。

　当初の住民側の思い、その思いを何とか実現したいという気持ちを共有した住民の輪の広がりと自助活動の高まり、それらが進む中で住民同士の連帯性や共同性の充実・強化が図られ、行政をも巻き込むような方向での目標実現というコミュニティ活動の展開が見られたのでした。

　これまでのコミュニティ行政とは一味違った方向へ導いたのは高岡市の住民たちの自助活動でありました。従来のイメージとしては地区住民集会や人々の触れ合いの場としての施設整備をはじめ、スポーツ活動のプログラム

提供やレクレーションの集いの呼びかけなどがコミュニティ行政であったのです。

だが、施設やプログラムを行政がつくった結果、施設利用者である住民側がその利用の仕方さえ分からない、だから呼びかけにも積極的に応じない、したがって、連帯性も共同性も醸成されずにコミュニティ施策はこれで完了というような面がこれまでは多かったようです。そこには住民側にも行政側にもコミュニティに関する意識と活動についての認識が欠けており、両者のコミュニティ施策収斂効果は期待できなかったと思われます。

高岡市の場合はそうした旧来型のコミュニティ行政を打ち破り、住民主導型で行政を巻き込みながら進めた点にコミュニティづくりにおける両者の収斂効果とコミュニティ行政の意義をみることができたのでした。

なお、最後に、蛇足になるかもしれませんが、コミュニティ施策にみる住民と行政の乖離状況を一つだけ紹介しておきましょう。

1960年代に千葉県君津町（現君津市）に日本を代表する会社新日本製鉄が立地しました。君津町の当時の人口は1万3500人、それに対し新日鉄の立地に伴う人口は3万人で、大会社が君津という小さな町を巻き込んでいったのでした。その結果、君津町には大規模償却資産税という税が入るようになり、財政規模も急に大きくなったわけです。それも大企業立地のお陰であることから、在来人口と新来人口の融和策を兼ねたコミュニティ・センター的な施設（公民館）を行政主導型で町内のあちこちに作っていくことにしたのでした。財政が豊かでありますからどの公民館も立派な建物として整備されたわけですが、しかし、地域住民側はその施設の利用プログラムさえ考えず、専ら行政がやってくれるであろうと思い込み、行政側は建物が完成すれば公民館行政は一件落着で、あとは住民側がその立派な施設を利用していくであろうと考えていたのです。施設を利用するのは住民たちであるにもかかわらず、施設の建設計画には住民の声が反映されない。その結果、コミュニティづくりの一助となる観点からすれば、住民側と行政側には大きな隔たりがみられ、実効性の上がらない施策展開になったといわざるを得なかったようです。皆

さんの地域においてもよく観察なさいますと、ややもすれば住民の声が反映されない施策展開があちこちに見られるかもしれません。かくして、コミュニティづくりには住民同士の、また住民と行政の協働体制が必要不可欠であると考えます。

3．コミュニティづくりをめぐる住民と行政

（1）行政援助の限界

　行政主導型のコミュニティづくりにせよ、公民館整備にせよ、地域住民の声が反映されない施策展開は何かしら片肺飛行的な不安定さを感じます。しかしながら、行政がいちいち利用の仕方まで手を出すことになりますと、行政依存型住民を多く発生させることになりかねません。住民は行政への甘え方を身に着けてしまうのです。

　コミュニティづくりの主体は住民であることに変わりはないのですが、だからといって、行政は何もしなくてよい、ということではありません。では、行政は何をすべきでしょうか。ここではやや観念的になりますが、「自治行政」とは何かということに立ち返ってみる必要があります。

　国や県の行政とは異なり、基礎自治体である市町村の行政はあえて〝自治〟行政といわれます。なぜ、そう呼ばれるのでしょうか？皆さんはこの点について何か考えられたことがありますか？

　日本国憲法第八章においては「地方自治の本旨」という文言が謳われております。これは地方自治の本来の趣旨とか本義とか、ということを規定しているものですが、何のことやらさっぱり分からん、というのが一般住民の受け止め方のようです。

　憲法学者の法的解釈に依れば、それは住民自治と団体自治とが車の両輪のごとく回転していくことを指しているようです。この解釈でもよく分かりません。それは住民自治とはなにか、団体自治とはなにかがはっきりせず、両者の関係もみえないからです。

第4章　これからのコミュニティづくり

　私の捉え方では、住民自治とは当該地域の住民の意思に基づいて当該地域の諸問題を解決処理していくことであり、それは当該地域住民の生活原理に根ざした意識と行動のシステムということになるからです。それに対し、団体自治とは制度的に法人格を与えられ自治を営むことができる団体であり、全国隈なく認定された地域の自治体ということになります。この点、アメリカの自治体誕生の仕方とは大きく異なります。

　この捉え方からすると、自治行政の基本は住民の意思に基づき自治的に行政を行っていく直接的な側面の住民自治にあり、他方、団体自治は住民にとって、団体の意思にもとづいて行政を行っていく間接的な側面にあると考えられます。だから、団体自治は住民自治の充実・強化を通して団体としての自治行政をうまく執り行っていくこと、となるのです。

　このような自治行政の捉え方からすれば、自治行政としてのコミュニティづくりは、住民主導型で進めたほうがその本義に適うといえるかもしれません。つまり、自治行政の〝自治〟を抜いた〝行政〟だけでは十分ではなく、むしろ、自治を基礎に自治行政は展開されなければならないということです。

　とすれば、コミュニティづくりにおける行政の役割は、地域の人々が現在何に困っているのかを知らなければならないし、それをどうやって知るかという問題も生じます。困っている問題が個人レベルの問題なのか、あるいはコミュニティ・レベルの問題として受け止めてもよいのかどうかなど、一定の基準によって明確に区別し、住民の理解を得ていくことが必要であります。

　先にも述べましたように、行政主導型はコミュニティ・センターを用意し、画一的な活動プログラムを提供し、各種講座の講師も行政が呼んでくる、いわば、なんでも行政側が用意し住民に提供する方式でした。これでは行政側が作り出した価値を住民に押し付けることになるのです。本来のコミュニティづくりからすれば、行政が価値の創造主体になるのではなく、住民が価値の創造主体にならなくてはいけないのです。住民がただ、与えられたプログラムを聞きにいくという態度の中からは、連帯性とか、共同性といったものは生み出されないのです。

99

住民の行政依存や物取り主義に陥る手助けにならないような、そのような行政の役割遂行の工夫がそこには求められます。そのポイントは住民と行政とが共通の感覚と地域認識をもつとき、協働による価値創造の力が発揮されていくことです。このよい例が、都下東村山市の社会教育活動でみられました。それは市民参加による活動作成プログラムにおいて市民企画委員制度を設け、市民感覚と市民の専門性発揮を結びつける工夫で、行政はその下支えの役に徹するやり方でした。

　問題になるのは、どこまで行政が手助けをすればよいのか、その場合、行政はどういった内容をどの程度理解しておればよいか、さらに、そのために行政はいかなる体制を考えて取り組んでいくべきか、でした。

　つぎに、そうした課題にどのように対応していくべきかを考えて見ます。

（2）コミュニティ対応体制としての協働

　上に述べた課題にうまく対応した自治体があります。それは千葉県習志野市です。習志野市がコミュニティ問題にどのように取り組んだかについて紹介するとしましょう。なお、海外の事例としては、筆者が直接現地に赴いてヒヤリング調査を実施した、ニューヨーク市の「メイヤーズ・アクション・センター」についても紹介するとしましょう。

　習志野市の例は、ニューヨーク市役所において一つの機構として設置された「メイヤーズ・アクション・センター」と同じ考えではないかと思います。このセンター設立の趣旨は、市職員が市長の特命を受けて地域社会に入り込み、地域住民を組織化し、その組織が政治的行政的機能を果たしていけるような、そのような仕組みづくりを担う点にあったのです。

　ニューヨーク中心街にはスラム化した地区があちこちにあり、読み書きが困難な人たち、アルコール中毒、麻薬中毒、失業者などが多く暮らしております。彼らは地域の問題を考える能力がなく、人間関係もスムーズに展開できないわけです。そのためコミュニティ崩壊現象が生じていました。当時の市長リンゼイ氏はそうした地域を立て直すために、センター機構を市役所地

第4章　これからのコミュニティづくり

下二階につくり、市長直属の専任職員を任命配置し、かれらをスラム街に入り込ませたのです。そして、そこで暮らしている住民と一週間単位で生活を共にさせ、地区住民たちが日常生活でどんな不平不満を抱いているかを感得させ、その内容をセンターに持ち帰って整理分析し、その結果を行政施策に反映させていく手法をとったのでした。

　習志野市でも似たような手法を考えたわけです。市では行政が住民のコミュニティ感覚をいかに体得していくかに焦点を当て、役所の机上論議だけでなく住民の生活現場に降りていって住民の生活感覚を習得していく手法を考えたのでした。そして、そのチャンスを全職員に与えようと考えたわけです。

　狙いは二つありました。一つは、職員が住民感覚を身につけること、もう一つは、役所の組織が縦割り主義であるのを、生活の現場で貫かれている横割り主義に対応できるようにしていくこと、でした。そのようにしていくことによって、行政内部の連携もうまくいくということの狙いが背景にあったのです。

　これを実現していくために習志野市ではどのような具体化方策を執ったかと申しますと、全職員に市域内の特定地域を担当させる、いわば、地区担当職員制度を採用し、各地域と行政の日常的な接触を通じて施策にフィードバックさせ、実践に移していくことにしたのです。当時は自治行政にもっともふさわしい行政展開であるとして脚光を浴びたのでした。

4．コミュニティ行政に必要な住民感覚（習志野市の例）

　一般に、行政組織としてコミュニティ担当課が設置されますと、コミュニティ対策はその課の所掌事務ということになってしまい、横・横原理が働きません。コミュニティという住民が暮らしている生活の現場には様々な事象が発生しておりまして、問題も総合性を含んでおります。ここに住民の生活の現場と役所の行政組織の間に乖離が生じるのです。この乖離をなくすために習志野市が考えたのは、一つの地区（コミュニティ）の総合性に見合う行

101

政の対応ということで、一地区一チームで担当すること、課単位の職員一名が一チームに参加することにより現場の課題に幅広く可能な限り対応できるようにしていくという方式でした。分かりやすくいえば、様々な行政分野の職員からなるチームを編成して地域の中に入っていき、地域の実情、住民の意識や思い、住民との対話、行政情報の伝達などを通じて地域住民と同じ感覚を身につけ、同じ態度で地域問題に立ち向かうことを考えたのでした。

　習志野市が開発した地区担当職員制度は全国の自治体に普及しておりますが、中にはフィールド・サーバントの職域や目的を踏み外し、相手をやっつけるために地域に入っていくとか、地区担当業務は本来の行政組織業務ではないとか、うるさい住民に対応するのは重労働でいやだとかの声も聞かれます。そういうところはまず、自治行政とはなにか、コミュニティ行政とはなにか、行政が住民感覚を身につける必要はどこにあるのか、住民対応行政こそが自治行政の真髄である、などといったことを再考していただきたいと思うのです。

　ご清聴ありがとうございました。

第5章　デモクラシーと効率性
～協働型自治行政を通して考える～

はじめに

　デモクラシーと効率性をめぐる問題は古くて新しい問題であります。いうまでもなくデモクラシーは自立した市民の合意形成によって統治していく政治様式の概念であり、効率性は最小の投入によって最大の産出をめざす合理性追求の概念であります。なんら関係の無いようにみえるこの二つの概念も国や地方自治体といった政治体の運営においては密接に関連してくるのです。つまり、民主的にして効率的な政治・行政の運営は可能なのかという視点がそれです。

　ここでは、その関連性が比較的に分かりやすい地方自治体レベルの運営に焦点を当てて論じていきますが、その基礎前提として、デモクラシーと効率性をめぐる問題がどのような背景から取り上げられ、そして、どのような論争を経て現在に至っているのかを、アメリカ合衆国における自治体創設過程と市政改革運動の流れから概観してみることにします。

　つぎに、近年、日本の自治体においてみられるようになった協働型自治行政の特質を分析し、その協働型自治行政に内在するデモクラシーの側面と効率性の側面に検討を加え、これまで議論されてきたデモクラシーと効率性をめぐる問題になにがしかのインプリケーションが与えられるのではないか、という点について述べていこうと思います。

　そのためにここでの議論では、アメリカ合衆国の自治体が模索し工夫開発してきた契約行政方式を取り上げ、それを媒介にして、協働型自治行政にはデモクラシーと効率性を調和させる面があるのではないか、ということを明らかにしようと思います。

1．デモクラシーと効率性に関する研究背景

アメリカ合衆国においてデモクラシーと効率性に関する研究がなされはじ

104

めたのは、いわゆる政府の行政活動に対する政治の介入によって行政が歪曲
され、行政の非効率化が顕著に現れたことに端を発しております。普通、ア
メリカ合衆国において政府活動という場合の「政府」は、立法、司法、行政
の三機構と機能を含む広義の概念で捉えられておりまして、それらが相互に
牽制と均衡の関係で国家を統治していくことを前提としてきましたし、現在
でもそうであります。ところが、立法機能を主たる任務とする議会とその構
成員である議員としての政治家が行政部門の機能領域を阻害する、いわゆる
スポイルズ（パトロネージ）・システム（猟官制）が跋扈するようになって、
本来、公平性と効率性の原則に則って機能しなければならない行政部門の働
きを歪曲しはじめたのです。そのようなときに、プリンストン大学の総長を
務め、ニュージャージー州の知事を経験し、そして、第28代のアメリカ合衆
国大統領にもなったウッドロー・ウイルソン（Woodrow Wilson）が1887年、
「行政の研究」（"The Study of Administration"）なる論文を発表したので
す。一般に、この論文をもって「行政学」の嚆矢とされているのであります
が、ウイルソンはこの論文で、「行政活動の拡大とその有効性こそが政治の
正当性を支える時代が到来した」という認識から出発して、民主制国家にお
いても、これまでのように抑制均衡の複雑な仕組みによって政府を統制する
ことにばかり腐心するのではなしに、政府を活気づけることに意を用い、仕
事のできる有能な専門行政官で構成される公務員制を確立しなければならな
いと説いたのでした。かれがこのような文脈のなかで語る『能率的な政府』
とは、民主制原理に官僚制原理を接ぎ木した政府にほかならなかった[1]」と指
摘するものがいるように、デモクラシーと効率性（ここでは効率性ではなく
能率制という用語を用いている）に支えられた政府の姿を念頭におき、それ
が活気ある活動を展開していくにはアマチュアではなくプロフェッションの
行政マンが必要である、と強調したのでした。

　ここで問題とすべきは、アマチュアではなく、なぜプロフェッションの行
政マンなのか、という点であります。この問題の流れは現在でも、異なる政
党の大統領がその地位に就くと、前任大統領が任命した高級官僚に替えて自

らの意に添う人材をその地位に任命する方式として残存しています。新大統領の意に添う人材が仕事のできる有能な行政官であればともかく、ただ政治権力に左右される人材であった場合は行政官としてはアマチュアの域を出ないのではないでしょうか。そうすると、公平性と効率性の観点から政府の行政活動は偏在的な利益誘導と非効率に陥っていく危険性が高くなります。

　ウイルソンは当時、政府の行政活動が政党政治によって著しく歪められている状況を観察し、その状況からいかに脱皮していくべきかという観点から論文を認めたと考えられ、政治と行政を分離して行政の効率性と公平性を追求する視点を明確にしました。

　このような問題意識はウイルソンが論文を発表する前からアメリカ合衆国においては存在していたようで、それは1883年、メリットシステムの導入を中心に公務員制度のあり方を図った「ペンドルトン法」の制定にもみることができます。その後、アメリカ行政学はそのマザーサイエンスである「政治学」とは一線を画する方向で、行政の合理的な運営管理を追求する方向に向けて進んでいくことになりました。ウイルソンとほぼ同様に、アメリカ行政学をリードしてきたのはフランク・グッドナウ（Frank J. Goodnow）でした。かれは、コロンビア大学教授として「市政学」を担当し、その後、ジョーンズ・ホプキンス大学の総長（1914-28）を務めた学者でありますが、今日でも名著として取り上げられる彼の『政治と行政』（Politics and Administration）は1900年に著されたものです。その中で彼はウイルソンと同様、「効率的な行政活動の必要が高まってきているにもかかわらず、政党政治が行政の領域を侵し、行政運営の健全な発展を妨げているとし、その状態から脱皮していくには政治の役割と行政の役割とを区別していかなければならない」と主張したのでした。

　このような背景からアメリカ行政学はその後、公的人事管理論、事務管理論、行政組織管理論など行政活動領域に不可欠の管理の諸側面について合理的な技法を追求していくことになったのでした。そうした行政技法をめぐる開発研究の社会的実験場となったのは自治体行政であり、その調査研究の推

第5章 デモクラシーと効率性

進機関となったのが1906年に設立されたニューヨーク市政調査会（現在のニューヨーク行政研究所）であったのです。当調査会は市政改善のため、能率と節約の原則を自治体の行政運営に適用するべく専門家の調査研究による科学的調査研究機関として発足し、それが引き金になって全米主要都市にも類似の市政調査研究機関が市民の寄付などによって設けられていきました[3]。

　問題はなぜ、このような市政調査研究機関が市民の寄付などによって設けられていったかということです。それはおそらく、当時の市政がボス政治の悪影響を受けて市政の改善を必要とする問題が各地で顕在化していたからであろうと思われます。その原因は、ウイルソンやグッドナウが指摘したように、政治の行政への介入とアマチュア行政がその根底にあったことはいうまでもありません。地方政治レベルにおける利益誘導型のボス政治型支配とその支配構造に巻き込まれたアマチュア行政マンによる市政は、非効率的で紊乱を極めていたからでしょう[4]。

　そうした状況において、いかにして民主的かつ効率的な市政の確立を目指すかは、当然のことながら大きな課題でありました。だから、それを科学的に調査研究していくという市政調査研究機関に多大な期待が寄せられたのも不思議なことではなかったのです。

　アメリカ合衆国が「自治行政の実験場」とか「自治実験の国」とか言われるようになったのは、このような調査研究機関によるさまざまな行政技法の研究開発によるところが大きかったようです。もとより、アメリカ合衆国における地方自治体は、「州が自治体を創造する」と言われるように、州議会の承認を得たコミュニティがインコーポレートし法人格を取得することから始まります。その際の技法は多様であり、また、州によっても異なります。したがって、この国の地方自治を研究しようとすれば、州の数に匹敵する国々の地方自治の研究を覚悟しなければならず、かなり手間がかかります。ここではそれを畏れず、アメリカ合衆国における自治行政の多様性という観点から、まず「自治体創設」の技法や統治システムのパターンを垣間見ていくことにしましょう。

107

（1）アメリカ合衆国における自治体創設のパターン[(5)]

アメリカ合衆国では一般に、コミュニティがインコーポレートして自治体になる場合、大きく分けて五つのパターンがあるようです。あるコミュニティが自治体になりたい場合の第一のパターンは、自治性を前面に強く出すため、当該コミュニティが自治憲章をつくり、それを州議会に認めさせる方法で、この方式によりミュニシパリティ（自治体）になったものを「憲章都市」（Chartered City）と呼んでいます。第2のパターンは、州議会が制定した州の一般法（General State Law）に基づいてコミュニティがミュニシパリティになる方法で、これを「一般法都市」（General Law City）といいます。多くの州では一般法のなかにコミュニティがミュニシパリティになる場合の標準モデルを示しておりまして、そのモデルを採用して自治体になったところがこれに該当します。第3のパターンは、コミュニティの人口規模や経済力によって等級分けを行い、該当する等級を選んでコミュニティがミュニシパリティになるもので、これを「等級都市」（Classified City）と呼んでいます。第4のパターンは、いくつかの基本条例（Charter）を標準的なモデルとして用意しておき、それらを参考にしてコミュニティがミュニシパリティになるのを選択する方法で、これを「選択都市」（Optional Chartered City）といっております。第5のパターンは州と連邦との関係を律している原則を、州と自治体との関係にも適用させていこうとするもので、コミュニティが自らホーム・ルールをつくって自治権を宣言しミュニシパリティになるパターンでありまして、これを「ホーム・ルール憲章都市」（Home-Rule Charter City）といっております。

アメリカ合衆国において普通のコミュニティが自治体になる方式には、以上のような五つのパターンが見られるのですが、これらを吟味していくと、面白いことに気がつきます。それは、一つは「自治性」の問題であり、いま一つは「自治体としての行政運営の効率化」の問題です。前者がコミュニティ住民の意思を反映させる、いわばデモクラシーの論理に則った自治体創設

の考え方で、それには自治性の強弱がみられるという点です。

　五つの自治体創設パターンからそれを拾い出してみると、それは自治性を前面に強く押し出して、自分たちのコミュニティは自分たちが考えた方式で自治していく「憲章都市」の場合と「ホーム・ルール憲章都市」の場合がそれに該当すると考えられます。これに対して「一般法都市」や「等級都市」や「選択都市」は州議会が制定した州の一般法（General State Law）に例示的に示されているモデルにしたがって自治体になるケースでありまして、さほど自治性は強くありません。日本では考えられないことですが、アメリカ合衆国ではこのように、自治体によって自治性に強弱がみられるのです。

　かつて筆者は、この点について現地調査したことがありますが[(6)]、それによれば、次のような理由によって自治性に強弱が生じるようです。

　まず、アンインコーポレーテッド・エリア（非自治体区域）においてコミュニティが熟成してきますと、そのコミュニティの住民たちは「自分たちのまちをつくって治めていこう」という強い意識をもつようになり、インコーポレーションへの合意形成に向かっていきます。他方、コミュニティが自治体になるためには様々な条件を整えていかなければなりません。この条件整備はコミュニティの特性によって異なり、そのことが結果として自治体になる場合の自治性の強弱を生み出すことになっているのです。一般に、コミュニティ住民たちが身近な政府を創って自分たちの声を反映させ、コミュニティの共通目標を達成していくために自治体になりたい、という願望的な意思表明は理解されます。しかしながら、自分たちの政府をもつにはその活動資金を確保しなければならないし、それは自分たちで拠出し調達していかなければならないのです。普通、それは税金というかたちで調達されていくものでありますから、そのことをコミュニティ住民が了解し、コミュニティの共通目標を達成していくのにどうしても自治体になりたいのであれば、その場合の自治体は自治性を強く主張できるようになります。そうではなくて、自治体になったとしても自治体になる前に州政府の出先行政機構であるカウンティ政府（準自治体）が提供していた行政サービス水準を維持できるかどう

か、あるいはそれ以上のコミュニティ目標を達成していけるかどうか、という問題を抱えるところもあります。そのようなコミュニティは自治体になること自体が難しいし、どうしても自治体になりたい場合は州議会が示す諸条件（州の一般法に挙示されたモデル）に合わせなければならなくなり、その分、必然的に自治性の発揮は弱くなってしまう、というわけであります。

　コミュニティが自治体になる諸条件の検討はまた、自治体の行政運営のあり方とも関係してきます。歴史的に古く、伝統のあるコミュニティは一般的に自治性を強く主張して自治体になっていきますが、そうでないところは自治体になって行政運営していくのに様々な創意工夫をしなければならなくなります。このことが後者の、自治体としての行政運営の効率化の問題に関連してくるのです。アメリカ合衆国の自治体行政が「自治の実験場」といわれる所以は、自治行政の運営面に関する多様な創意工夫の開発が常になされてきているからであるといえるでしょう。

　「市＝支配人制」しかりであるし、「契約行政方式」しかりであります。これらの工夫も、もとを質せばコミュニティが、自治体になるための一般的な要件を具備した段階における智慧の結晶であります。それは、自治体になろうとする際に、あるいは自治体になった直後に、自治体運営上の問題に直面し、その問題の解決策として構想した自己統治の技法ともいえるものだったのです。

　普通、コミュニティが自治体になる一般的な要件としては、①地域のコミュニティ意識が熟成してきたから、②身近な政府をつくって自分たちの声を反映させ、③コミュニティの共通目標を達成したり、④受益と負担の関係をコミュニティで正当化したいためであったり、あるいは、⑤現在のカウンティ政府の行政サービスに満足できないためとか、⑥コミュニティの評価を高めるため、⑦自治体化への制度的条件が整ってきたため、⑧小さな社会の政治的価値を体現するため、⑨自治運営の諸資源について見通しがついたため、さらには、⑩積極的なコミュニティ・リーダーの活躍によって、などが挙げられます。そして、それらをもとに、自治体になった場合の自治体名称、人
(7)

口、面積、統治システム、行政サービス内容と水準、予算、決算、職員数、税目と税率、などを示した、自治体になるための申請書を州議会に提出し、州議会の承認を得る、といった手続きを経るのです。問題は、先の自治体になるパターンと関連して、自治体としての統治システムにも多様性がみられるということです。

（2）自治体統治システムの多様性[8]

アメリカ合衆国の自治体で最も多く採用されている統治システムは、選挙で選んだ議会議員の中から互選で首長を選出する「弱市長―市会制」（The Weak Mayor-Council Form）で、通常、ウイーク・メイヤー・システムと呼んでいます。しかも、このシステムをとっている自治体では必ずといってよいほど「市―支配人制」（City-Manager Form）を採用している点に特徴があります。この方式は、行政運営の専門家である支配人を議会が契約によって雇い、議会が行政権をその支配人に委ねる方式でありまして、行政の合理的かつ効率的な運営を目指すことを狙いとしているものです。

つぎは、有権者による選挙で首長を選出する「強市長―市会制」（The Strong Mayor-Council Form）といって、政策提案権と行政執行権を兼ね備え、強い執政権を発揮するシステムであります。このシステムを採っているのは歴史と伝統をもつ自治体で、強い自治権を発揮する点に特徴があります。

最後はイギリス自治行政の影響を受けているもので、自治行政業務を委員会方式で処理していくため、有権者が委員を選出して委員会を構成し、その委員会によって自治行政を運営していく「委員会制」（The Commission Form）というシステムであります。このシステムは古くからありますが、選出された委員が必ずしも行政の専門家ではないために、民意反映面では良くとも行政運営の効率化の面では問題が残り、最近ではあまり普及しない状況にあります。

以上、アメリカ合衆国における自治体創設とそれに伴う自治体統治システ

ムの多様性を概観してみましたが、その多様性は、ニューヨーク市政調査会をはじめとする市政調査機関が全米各地に設立される前からあったわけで、必ずしも市政調査研究機関の研究成果であったとはいえません。ただ、そうはいっても、当時の市政が遭遇していた諸問題に対して科学的な調査研究を行い、その結果をうけて、その後の市政運営改善のために多様な工夫開発に結びつけていった点は否定できません。それゆえ、20世紀に入って市政調査研究機関が各地に設立され、市政改革運動の一環として自治体行政の効率化を目指すことができたのです。それらの研究がアメリカ合衆国における自治体の行政運営の改善に大きく寄与したことはいうまでもありません。次にその例を、契約行政方式を通してみていくことにします。

（3）契約行政方式の登場背景⁽⁹⁾

アメリカ合唱国の場合、コミュニティがインコーポレートして自治していくことは簡単かつ容易なように見えますが、実際は様々な問題に直面し、生易しいことではないようです。多くの州ではコミュニティが一度インコーポレーションに失敗すると、何年かを経ない限り再度のインコーポレーションの申請はできないとされています。そういうコミュニティは往々にして、既存の隣接自治体に吸収合併（Annexation）され、当初のコミュニティの共通目標を実現できない場合もあります。したがって、コミュニティが自治体になるにはそれ相当の準備と住民の合意形成と合理的な行政運営手法の検討が事前に必要とされるのです。ここで取り上げる契約行政方式もコミュニティが自治体になって、どのように運営していけばよいかの検討過程から生み出された行政運営手法の一つで、この方式は現在でも、自治体になりたいコミュニティにとっては「福音の指針」とされ、また、すでに自治体になっているところでも行政運営の効率化や財政遍泊の解消を目指す手法として普及しているものであります。

この契約行政方式はレークウッド・プランとかアドミニストレーション・メソッドと呼ばれているもので、南加地域はロングビーチ市の後背地

第 5 章　デモクラシーと効率性

に位置するレークウッド・コミュニティが自治体になったときに構想され
た方式です。このコミュニティが自治体としてのレークウッド市（City of
Lakewood）になったのは1954年 4 月16日で、ロサンゼルス・カウンティで
は46番目に誕生した自治体であります。この地は大都市ロサンゼルス市や石
油関連企業で発達したロングビーチ市の郊外にあたり、閑静で良好な住宅地
であるとともに、比較的に高い資産評価と中産階級以上の同質的コミュニテ
ィ意識を育ててきたところでもあります。非自治体区域のコミュニティであ
るために、この地への行政サービスはもっぱらロサンゼルス・カウンティ政
府が提供しておりまして、コミュニティ住民はそれになんらの不満も抱いて
いなかったそうであります。

　ところが、1950年代に入り、隣接するロングビーチ市が石油関連企業の発
達とともに急速に成長し、その都市的勢力圏を拡大させたのです。それによ
り、レークウッド・コミュニティはその影響を直接受けることになり、コミ
ュニティとしての資産価値を低下させる状況に陥りました。具体的には、ロ
ングビーチ市からのスピルオーバーする人口の受け入れ、住環境の悪化、コ
ミュニティ価値の低下、社会階層の複雑化と同質的コミュニティの崩壊、無
秩序な土地利用拡大によるスプロール化現象、挙げ句の果てにはロングビー
チ市からの併合申し込みとなって現れたのであります。

　レークウッド・コミュニティはロングビーチ市からの併合申し込みに対し、
それを受け入れれば、現在の環境は悪くなっても良くはならないと反発し、
良好な住環境を守っていくには自分たちで土地利用を定め、治安の乱れには
コミュニティ秩序を形成し維持していくことが有効である、とコミュニティ
住民たちは考えたのです。そのためには自らがインコーポレートして自治体
になり、自ら自治していくことこそが最良の方法であるとの結論に達したの
でした。このように外圧的影響をうけてレークウッド・コミュニティは比較
的短期間にコミュニティとしての合意形成を図り、インコーポレーションに
踏み切っていったのでした。だが、自治体になって自治行政をどのように運
営していけばよいのかの検討が不十分であったため、市政施行後、レークウ

113

ッド市は直ちに、市政運営上の困難に振り回されることになりました。その
ことが契約行政方式を編み出すキッカケとなったわけで、次に、その内容に
ついて若干みていきましょう。

　市政施行後、レークウッド市が直面した問題は、財政基盤の脆弱性と自治
体としての業務処理体制の未整備という、自治行政運営上の根幹に関わるも
のでありました。まず、財政基盤の脆弱性についてです。アメリカ合衆国
の自治体の財源構成は、①資産税（Property Tax）、②売上税（Sales Tax）、
③免許認可料（Licenses and Permits）、④科料（Fines）、⑤資金および
資産の運用収入（Revenue from Use of Money and Property）、⑥他の機
関からの収入（Revenue from other Agencies）、⑦サービス料（Current
Service Charges）、⑧個人資産の売却やその他の収入（Other Revenue）、
⑨起債（Bond）、⑩公営企業収入（Utility Fund）、⑪ガス税（Gas Tax）、
⑫カウンティ補助金（County Aid）、⑬レヴュニ・シェアリングからなって
おり、これらの中で自己財源（Own Sources）の大宗を占めるのは、資産
税と売上税とサービス税であります。レークウッド市の場合、もともと良好
な住宅地として形成されてきた関係上、資産税の収入は確保されるものの事
業所や商店がほとんど立地していなかったために、それ以外からの収入は期
待できない状況でありました。サービス料でさえインコーポレーションした
ての自治体であるが故に、適正なサービスを提供する体制が十分でなく、そ
の収入も見込めない状況であったのです。こうした財政力の弱さは自治体と
しての存立基盤を揺るがすものであり、それをどのように解決して自治行政
を軌道に乗せていくかは自治体に成り立てのレークウッド市にとっては最重
要の課題であったのです。

　つぎは、自治体業務処理体制の未整備の問題であります。つまり自治体と
して当然果たしていくべき機能を、実際の体制が不十分であったために果た
していけない状態にあったということです。なぜ、このような事態に立ち至
ったかといえば、それはインコーポレーションの仕方によります。外圧的影
響を避けたいために、あまりにも急いでインコーポレーションの手続きをし、

第 5 章　デモクラシーと効率性

州の一般法に明示されているモデルを採用したのですが、その結果、申請手続き上の形式は整えられても実質的には短期間のうちに行政体制を整備できなかったからであります。自治体になれば、当然のことながら立法、司法、行政の機能を一個の政府単位として果たしていかなければなりません。それは組織・機構といった行政体制の整備をはじめ、人材や財源の確保が急務であり、さらには自治体としての行政運営の能力を必要とします。しかし、レークウッド市の場合、それらが不十分でありました。

　このような問題は新たに自治体になったところが大なり小なり経験する「自治の試練」なのかもしれません。では、レークウッド市はいかなる工夫をしてこの危機的状況から脱皮していったのでしょうか。レークウッド市はインコーポレーションして、その統治形態を議会＝行政長型（Council-Administrator System）にしました。このシステムは公選によって選出した議員からなる議会と、その議会が任命する行政経営の専門家である行政長によって自治運営を行っていく仕組みです。そこでは議会が政策決定と行政執行のチェックを行い、行政長は議会に全責任を負って行政運営上のすべての機能を果たしていくのです。自治体になりたてのころは議会が自治運営に素人であるため、その実質的な役割は行政長の双肩にかかってくるのです。

　その重要な役割を担ったのが初代行政長に任命されたロバート T．アンダーセン（Robert T. Andersen）でありました。彼はサンフランシスコ市の支配人をはじめ、過去にいくつかの自治体の行政長を努めてきた有能な行政経営の専門家であったわけで、レークウッド市に着任するやいなや直面している問題に積極的に取り組みます。まず、レークウッド市がインコーポレーションしたときの手続き過程と、州議会に提出し承認された資料を分析し、その上に立って自治体として果たしていくべき機能と、その機能を果たしていくのに必要な行政組織・人員配置・員数などを構想し、それらに必要な予算編成を試みました。その結果、カウンティ・サービスを受けていたときよりも自治体になって単独で行政サービスを提供していく方が費用も嵩み、しかも住民に対するサービス水準は低下する、ということを析出したのでした。

115

そこで彼は、行政コストを節約しても行政サービス水準を低下させない方法はないものかということを、各地の市政調査研究機関の研究成果をもとに検討していったのです。そして、再度、自治体として行政が果たしていくべき機能を分析していくうちに、次のような点に気がついたのでした。

それは、単一自治体として対処している事務事業の中には、州政府（カウンティ政府）や近隣自治体や特別区政府のそれと重複しているものがあり、また、私企業でも処理可能なもの、高度に専門化したもの、住民の日常生活にとってそれほど頻繁には必要としないもの、などもあり、それらの中には、公行政として絶対的に必要なものとそうではないものとがあるのではないか、と考えたのでした。

そこで、州の一般法に示されている自治体になるためのモデル（これには例示的に自治体として果たすべき機能が示されている）のなかから、彼が気づいたような性質を持つ事務事業を分析・抽出して差し引いてみたところ、行政コストの面でも職員数の面でもカウンティのサービス水準を十分に維持できる、ということが導き出されたのでした。

問題は他の政府と重複している事務事業や、私企業でも処理可能なもの、あるいは日常的にさほど必要とされないものをどのような基準で抽出・分類し、それらをいかなる考え方に基づく方法や手段でもって処理していくか、ということに直面したのです。この点について彼は、契約社会における企業活動のあり方をモデルにし、それを自治体の行政運営に導入していけば効率性は高まり、最小の投入で最大の産出を上げることができるのではないかと考えたのでした。具体的には、住民を株主に、議会を重役会に、行政長を社長にみたて、株主への配当を高めていく方式の構想がそれでありました。そして、この構想を自治体の行政運営に具体的に取り込むべく企業活動の実際を調査研究し、次のような導入方法を考え出したのでした。

アメリカ社会は契約社会であります。当然ことながらそこでは、企業活動も契約に基づいて展開されております。たとえば、ある機械を製造し販売する会社の場合、その会社の業務は消費者ニーズの調査、機械設計、資材確保、

加工、製品化、宣伝、販売といった領域にわたります。しかも、そうした一連の業務はすべて一つの会社で行われているわけではなく、それぞれの領域を専門とする企業が専門スタッフを抱え、相互に関連する企業間で契約を結び、互いに機能分担し合って企業活動を展開しております。そうすることでコストは節約でき、利益は上げられ、結果として配当も高められていくのです。

したがって、こうした企業の経営手法や考え方を自治体の行政運営に導入できれば、財政基盤が弱くても、また、自治体の業務処理に必要なスタッフを満遍なく揃えなくとも自主・自立的な行政運営が可能になるのではないか、その場合、基礎自治体として揃え、充実すべきスタッフや行政の組織はなにかを明確にし、他の自治体の業務処理も契約によって処理していける体制を確立して機能させていけばよいのではないか、という結論に達したのでした。

この方式によれば、互いの自治体は低コストで高品質のサービスを提供できることになり、いわば住民に対する配当も高くしていけるのです。残る問題は、自治体業務の売り手と買い手が適宜に見つかるかということと、当事者間の契約内容の基準を何に求めるかということでした。

インコーポレートする前のレークウッド・コミュニティはカウンティ政府から公共サービスを受けていた関係で、業務契約についてカウンティ政府と交渉した結果、カウンティ政府側は理事会の承認が得られれば、契約に基づき従前の費用で公共サービスをレークウッド市に提供してもよい、ということになったのです。カウンティ理事会はカウンティ政府の現勢力で対応でき、しかもカウンティ政府の収入に結びつくのであれば異論はないとし、直ちにレークウッド市の申し入れを承認したのでした。その後、この契約行政方式による自治体の業務処理を近隣自治体や私企業にも宣伝し、他の事務事業についても契約相手方を募ったところ、予想外の反響を呼んで多くの応募があり、ここにいたって入札（Bid）による契約行政方式を採用していくことになったのでした。

117

（4）契約行政方式の長短

　この方式が確立したことによって自治体になることを躊躇していた各地の
スモール・コミュニティでも次々と自治体化を唱えはじめました。たとえ財
政基盤が脆弱でも契約行政方式を採用していけば立派に自治体としての行政
運営をやっていけるという見本が登場したからであります。では、この方式
にはいかなる長所がみられるのでしょうか。

　まず第1は、経費の節約と合理的行政経営という点です。自治体に成り立
てのところは多くの場合、財源難と有能な職員の不足という問題に直面しま
す。しかし、契約行政方式を採用することにより、それらの問題を解消して
いくことができるのです。

　第2は、カウンティ政府のサービスを受けていたときとは異なり、自治体
になると多くの行政事務を単独で処理していかなければならなくなります。
そうすると多くの人材とそれに必要な経費を必要としますが、契約行政方式
を採用していくことによりそれを乗り越えていくことができるのです。

　第3は、近隣自治体と共通している事務、広域にわたって対処していく事
務、高度の専門的な内容を伴う事務などが発生しますが、これらに対しても
契約行政方式は適宜に対応できるのです。

　第4は、自治体として果たさなければならない機能を、自治運営の基礎に
なるものと他の政府や主体と協力・連携して提供することが可能なものとに
分け、後者に属する機能を契約によって処理していくことにより、経費の節
減はもとよりサービス生産に伴う技術上の相互補完によって、住民の負担と
サービス享受を調和させることができます。そして、場合によっては経費節
減によってサービス税率を引き下げることも可能になるのです。

　第5は、アマチュア職員による行政サービスの生産供給ではなく、専門の
技術スタッフを有する契約先を発見することにより、高品質・高水準の行政
サービスを提供できるようにもなるのです。

　以上のように、契約行政方式には多くの長所がみられますが、しかし、こ
の方式にも短所があるはずです。アメリカ合衆国の自治体では大なり小なり

契約行政方式の考え方を行政運営に取り入れておりますが、すべての自治体がすべての領域にわたって採用しているわけではありません。それはなぜか。この方式に短所があるとすれば、その点を明らかにすることによって答えなければならないでしょう。

　まず第1は、どのような自治体が契約行政方式を採用したりしなかったりしているのかという点であります。このことを先に述べた自治体創設パターンからみてみますと、契約行政方式を「一般法都市」は採用し、「憲章都市」は採用しない傾向がみられる点です。憲章都市は自治性を強く前面に出して自治体になったところで、歴史と伝統を有し、他者に依存せずに自らの力で処理し対応していこうとする傾向が強いようです。このことから、契約行政方式を採用するところは自治性発揮があまり強くないところとなります。

　第2は、財政力があり、自前で有能な専門スタッフを雇える自治体はこの方式を採用しない傾向が強いようです。こういう自治体は規模が大きく、大企業が立地し、伝統をもつ憲章都市に多くみられます。

　第3は、憲章都市は画一的な自治システムを嫌い独自の自治システムを有しているため、契約相手方の執行システムと齟齬をきたしやすい面があります。それゆえ、自己のシステムに合わせるよう契約相手方をコントロールしようとしますが、それが契約上できないのです。つまり、契約行政によって自治権が制約されることになるからであります。つまり、契約当事者が平等な立場で契約上の意思決定に参加し、双方の意思が反映されて契約がなされれば問題はありませんが、自治体としての基本的な権限が矮小化されるならば、それは経費節減にはかえられない重要な問題となるからであります。

　以上、契約行政方式の長短を探ってみましたが、そのことから言えることは、小規模で財政力が弱く、しかも自治力が備わっていない自治体の場合は、この方式を採用することで自治体としての弱点をカバーしつつ行政運営の効率化を図っていけるのに対して、規模も大きく財政力もあり、しかも歴史と伝統を有する自治性の強いところは自らの力で行政運営の効率化を図っているからであります。しかし、このことは自治性の強弱という観点から一般的

119

な傾向をみただけであり、実際は一般法都市でも契約行政方式を採りながら自治力を高めてきているところもありますし、逆に、憲章都市にあっても行政運営の効率化を進めるために契約相手方と交渉しながら契約行政方式の適用範囲を広めてきているところもあるのです。

このことを念頭におき、いま、自治性をデモクラシーに、契約行政方式を効率性に置き換え、日本でも実践されるようになってきた協働型自治行政の観点から両者の関係をみていくことにしましょう。

2．協働型自治行政と契約行政方式との理論的交差

一般にアングロサクソン系の地方自治学者はK．パンターブリックに代表されるように、自治とデモクラシーは密接不可分の関係にある、と主張します。また、効率性についても最小の投入で最大の産出を上げることといい、その延長線上に契約行政の考え方もあると捉えるのです。その意味で、ここでは大胆にも、自治性をデモクラシーに、契約行政を効率性に置き換えて検討していきますが、その前に協働型自治行政とはどういうことかについて、簡単に触れておきましょう。

いうまでもなく協働とは、二つ以上の多元的主体によって目標を達成していく組織的集団作業のことであります。そのことから協働型自治行政は、当該行政体という主体とそれ以外の主体とが協力・連携しあいながら自治体としての行政を処理していく組織的集団作業ということができます。なぜ、このような考え方が今日台頭してきたかといえば、それはアメリカ合衆国において契約行政方式が誕生した時代とは違い、現代社会の特質がそれを要請しているからといえましょう。つまり、現代社会は都市社会といわれ、そこでの人々の生活は自給自足の生活ができなくなり、他者が生産供給してくれる財やサービスに依存しなければ一日たりとも暮らしていけない状態にあるからであります。そうした暮らし方を「都市的生活様式」といい、現代に生きる人々は相互依存と相互補完の原理が貫く社会で暮らすことを余儀なくされ

120

ているのであります。しかもそれは個人の生活領域やレベルだけでなく、市町村、都道府県、国といったところの政治・行政活動や経済活動にまで貫く原理となってきているのです。

こうした原理で貫かれている社会では、自治体行政でさえ一元的主体では目標達成が困難な状態になります。それを乗り越えていこうとすれば多元的主体の組織的集団作業としての協働方策を模索し実践に移していかなければなりません。いま、日本の自治体行政はその模索の最中にあるようであります。そこで、協働型自治行政はデモクラシーと効率性にとっていかなるインプリケーションをもつか、順次、検討していってみましょう。

（１）協働型自治行政とデモクラシー

デモクラシーが自律した市民によって合意形成されたルールにしたがい、社会的利益を実現していく政治様式であるとすれば、その基礎前提となるのは、いかにして市民が社会的自律性を身につけていくかにあります。他方、自治とは、自ら治めるという原義から出発する統治概念でありますが、それには支配・被支配の概念が根底に横たわっておりまして、誰が誰を何によって支配し支配されるのかということを内在させております。その支配の淵源はいうまでもなく市民にありますが、実際にはその市民がつくったルールが市民を支配するという関係にあります。

つまり、市民の力による統治（Demos Kratia）となるが故に、デモクラシーと自治とは密接不可分の関係と考えられるわけです。一般に民主政治という場合は、この考え方を、個人レベルから近隣住区、市町村、都道府県、国という、統治体の政治様式に類推させて言っているのです。このことから、民主政治は市民の自治性の成熟度合いによって左右される統治様式といえるのです。

Ｋ．パンターブリックが「デモクラシーと地方自治は密接不可分の関係にある」と主張した理由は、じつは、こういう論理関係を基礎において、地域社会の統治に市民が関わるようになれば、市民自身も民主的市民に成長して

いき、さらに、そうした市民から構成される地域社会の自治もいっそう民主化されていくとする「螺旋的上昇構造理論」ではなかったと思われます[14]。

　デモクラシーと自治との関係をこのような視点から捉えるならば、協働型自治行政もその論理の延長線上で論じることが可能でありましょう。先にも簡単に触れましたように、協働型自治行政というのは、これまで行政という主体が一元的に取り組んできた業務を、その目的や性質に応じて行政以外の主体と協力・連携しあいながら、処理していくシステムということでした。従来の一元的な自治行政であった場合は、地域住民をはじめとする行政以外の主体は「客体」の存在でしかなく、自治行政に関わる余地は少なかったのです。しかし、自治行政が、行政以外の他の主体の関わりによって民主化されていくとすれば、そこでは一元的な自治行政であるよりも多元的な主体による協働型自治行政の方がデモクラシーの観点からは有効性が高くなるといえるのです。

　では、どういった点で多元的な主体の関与が自治行政を民主化させていくのでありましょうか。少しく検討してみましょう。

　まず第1は、多元的な主体の関与は地域住民の参加の裾野を広げ、住民自治の充実発展に役立つということであります。いうまでもなく、自治行政は地域住民の意思に基づいて地域住民のために財やサービスを生産供給していくことを主たる目的としております。だから、その目的を合理的に達成していこうとすれば、財やサービスの生産供給過程に住民の意思を反映させていくことはもとより、さらに進んでその過程に住民の直接的な参加と関与を促していく方が行政の一元的な取り組みよりも住民の自治意識の向上とその生産性を高めるために役立つ、ということになります。

　第2は、行政の一元的な取り組みは住民をいつまでも顧客の位置に止めがちとなり、いわゆる顧客民主主義を助長させてしまいますが、協働型自治行政を展開していくことにより、住民は社会的に自覚的な自治行動をとるようになって、みずからを民主的市民に高めさせてくれるという効果が期待されるのです[15]。

第5章　デモクラシーと効率性

　第3は、自治行政への多元的な主体の関わりは、行政の一元的な取り組み
にみられた、いわゆる行政の「無謬性」、「独断性」、「アイディア不足」、「法
規万能性」などを排除させる方向へ導き、何のための、誰のための自治行政
でなくてはならないのか、という点に気づかせてくれ、その方向への努力を
促すとともに、行政自体の民主化を促進していくことになります。

　第4は、多元的な主体による協働型自治行政は、情報の共有化を促すとと
もに住民のエンパワーメントを高めていくのに役立つのです。行政の一元的
な取り組みではあらゆる地域の情報は行政に独占されてしまいますが、多様
な主体が自治行政に関わることにより、多くの情報はもはや行政の独占では
なくなり、情報の共有化が促進化されていくのです。それによって多くの住
民は行政情報に触れることができるようになり、自治行政への参加や関与が
しやすくなるとともに自らの利害と他者の利害とを斟酌した自治行政へと成
長していくようになっていくのです。つまり、住民が自己主張から脱皮し地
域社会全体の利益実現を考えて行動する術を身につけていくようになってい
くのです。

　第5は、協働はもともと人びとの社会生活上の行動様式であります。それ
には相互依存作用と相互補完作用が内在しているわけであって、それらの作
用により社会的利益が実現されているわけであります。この点は自治行政領
域においても例外ではありません。だが、行政による一元的な取り組みはこ
の点の意識が希薄でありました。このような意識の希薄な行政は他の主体と
の協力・連携が苦手なのです。とりわけ住民の意思を尊重したり、アイディ
アを酌み取ったりすることは、建前はともかくとして、実質的にはあまりあ
りません。理由は、時間やコストがかかりすぎる、声を聞いても行政が考え
ていることとさして変わりない、それよりも行政が立案した計画に則って進
めた方が首尾よくことが進む、ということのようであります。

　しかし、協働型自治行政はこのような自治行政の体質を改善する方向に働
きます。つまり、協働型自治行政は住民の多様な知恵を結集し、住民の満足
が得られる方向に向う手法であります。だから、当然のことながら他の主体

123

との相互依存作用や相互補完作用を通じて展開されることを前提としているのです。デモクラシーが自律した市民の合意形成による政治様式であるとすれば、多元的主体による協働型自治行政はまさしく自治行政の民主化を強化する方向に働く方式といえるのです。最近、取りざたされているガバナンス論も、言ってみれば、多元的主体による地域社会の民主的な総合管理の考え方といえるもので、協働型自治行政の方向と同じではないかと思います。

（2）協働型自治行政と効率性

多元的な主体が協働して自治行政を進めるという方式は、デモクラシーの観点からすると、多くの主体が参加・関与できる側面をもつという点で一定の効用があります。しかし、自治行政の効率性という面からみた場合、多元的な主体が自治行政に関わっていけば、民主制の側面は確保できたとしても、効率性の側面は確保できるであろうかという問題が残ります。

かつて科学的管理法や行政管理論を主導してきたフレデリック・テーラーやルーサー・ギューリックらの能率至上主義の観点からすれば、その点は問題なしとしないのであります。もし、政治的能率・行政的能率・政治行政的能率という用語があるとすれば、本論における効率性の議論は政治行政的能（効）率といった捉え方がもっとも似つかわしいのではないかと思います。ここでは能率論と効率論について議論するのではなく、むしろ住民の意向を踏まえ、住民を中心とする多様な主体の自治行政への関与を導き、その結果の産出に対して住民がどれだけ満足したか、つまり、そうしたプロセスを経たところの成果までを含んだ観点から「自治行政の効率性」を論じているのです。それゆえ、能率概念だけからすると、行政がその業務を一元的に処理していった方が、一定の業務処理量を一定の時間とコストで産出する、という作業効率は高められるに違いありません。しかし、それに住民が満足しないとすれば、いくら作業効率が高められるといっても、自治行政としては基本的な問題を残こすことになってしまうのです。この点、多元的主体による協働型自治行政はその問題を解消する方向に導いてくれそうだし、そこに協

124

働型自治行政としての効率性が認められる、と考えてもよいでしょう。

　また、先に、アメリカ合衆国における自治体の契約行政方式について述べましたが、この方式も他の主体との契約によって自治行政を行っていくという点では、ある種の多元的主体による協働型自治行政といえなくもありません。そうだとすれば、契約行政方式の長所として指摘した諸点にも「協働型自治行政の効率性」として認められるものがあるのではないでしょうか。ここではそのようなことを念頭において協働型自治行政と効率性の関係をみてみましょう。

　まず第1は、行政サービスの生産性向上という側面です。ビクター・フクスが指摘したように、サービスの生産性向上はその生産過程に消費者の意向を反映して初めて確保されます。この考えを自治行政に当て嵌めますと、行政による一元的な主体だけで行政サービスを生産供給するよりも、その過程に消費者である地域住民の意思を反映させたり参画させたり、あるいはその過程で住民と協力連携していったりする方が自治行政としての生産性は向上するということになります。つまり、協働型自治行政による方が行政サービスの生産性は高くなり、そのことは行政の効率性も確保される、ということを意味します。

　第2は、行政の質を高めるという点です。つまり、協働型自治行政は多元的な主体によって展開するのを常とするがゆえに、多様なアイディアと専門的な知識や技能を結集できる利点を有するからです。それに比べ、行政だけによる場合はそうした利点を生じません。だから行政の質の確保という面では協働型自治行政に劣る面が生じるのです。また、複雑かつ高度な問題に対しても行政だけでは解決処理が困難な場合がありますが、多様な主体からなる協働型自治行政においてはその解決を可能ならしめる知識や技能を有するという利点もあり、解決困難な問題の処理を可能ならしめます。

　第3は、多元的主体が自治行政に関わってくることにより、行政の判断だけで対応してきた領域について、見直しの効用があるばかりか、それに伴う行政組織や職員の質と数の見直しにも役立ち、行政のスリム化や行政経費の

節約にも繋がっていくのです。

　第4は、協働型自治行政の最大の効用は、住民が多元的主体の一員になることにより、自分で処理できることは自分の力で、それで処理できなければ自分たちの力で、というように、民と民の協働を身につけていくことです。それにより、まずは一般市民を行政依存型人間から脱皮させてくれます。他方、多元的主体による協働型自治行政は、当初、その仕組みづくりや目標の共有化、さらにはそれを展開していくのに必要な人材の確保と養成などで時間やコストがかかるという負の側面を有しています。しかし、それが軌道に乗った暁には、持続可能な社会発展の考え方からすれば、逆に、時間とコストを節約できるばかりか、多様な創意工夫によってきめ細やかで効果的な自治行政の展開も期待できるのです。

　これまで我々は日常生活のあらゆる面にわたって行政に依存してきたわけですが、しかし、協働型自治行政は民と民が協働し、互いに補完し合っていくことで日常生活上の多くの問題を処理していくことを可能ならしめます。そのことを協働型自治行政は自治行政に関わる多くの主体に気づかせてくれたのです。したがって、このことが実を結べば、おそらく、デモクラシーと効率性の調和のための方向づけにも大いに役立つことでしょう。そのことはいかなる行政改革よりもすぐれた行政改革になっていくのではないでしょうか。

　先に、契約行政の長所としては財源難を克服するばかりか税率さえ引き下げる効用があると指摘しましたが、住民が協働型自治行政を経験していくことによって自治力を高めていけば、日本の自治体でもそれに類したことが可能になっていくかもしれません。こういった点も協働型自治行政を推進していくことによって自治体の行政運営を効率化させていくのではないかと思います。

第 5 章　デモクラシーと効率性

3．協働型自治行政におけるデモクラシーと効率性との調和

　デモクラシーを重視して自治体を運営していけば効率性の確保は困難になり、逆に、効率性を中心に運営していけば民主性の確保が困難になると、よく言われます。この論理がこれまで、デモクラシーと効率性の問題を難しくさせてきたように思われます。しかし、政体運営においてはデモクラシーも効率性もどちらも欠かすことのできない重要な要素であるのです。そうであるならば、両者を調和させる手法を工夫開発していかなければならないでしょう。

　この点、アメリカ行政学ではまず、政治の影響を排除する観点から出発し、行政の業務処理における能率を追求していくための、政治・行政分離論の方向を歩んで、いわゆる能率至上主義の行政管理論を打ち立ててきました。しかし、それは、デモクラシーと効率性を調和させるものではなかったのです。管理論の礎を築いたとされるフレデリック・テーラーやアンリー・ファヨールらは元来、企業経営の観点から管理のあり方を追求したのでありまして、そこにはデモクラシーの視点はまったく欠落していたのではないかと思われます。(17)それにもかかわらず、その影響を強く受けたイギリス人のリンダール・アーウィックや、日本生まれのアメリカ人行政学者であるルーサー・ギューリックは、行政運営のあり方を追求していく際、専ら節約と能率を確保するための管理要素とその原理を追求していったように見受けられます。もちろん、そうした考えに基づく、彼らの行政管理論を中心とする行政学は一世を風靡したのでありますが、その後の研究者たち、たとえば、ハーバート・サイモンやドワイト・ワルドーらによって、そうした管理論中心主義の行政学は論破されていくことになりました。その後、行政学は管理過程論的アプローチを残しながらも行動論的アプローチや政策過程論的アプローチをとっていくようになったのです。そのうえで、いわゆる政治・行政融合論の行政学に変わっていったと考えられます。それはとりもなおさず、テーラーリズムに象徴される機械的能率主義に依拠するだけでは「真の行政の効

127

率性」を追求していくことはできない、とされたからであります。

　では、「真の行政の効率性」とはどういうことでしょうか。この点、先に述べておいたように、行政は何のために、誰のために機能しなければならないのかを振り返ってみれば容易に察しがつくでしょう。とりわけ、自治行政にそれを当て嵌めてみるとよく分かります。

　地域住民の意思に関係なく、法規に則って自治行政を展開していくとすれば、そのとき自治行政は、機械的能率は確保できたしても効率的であるといえるでしょうか。言えないはずです。そうだとすれば、地域住民の意思を反映し、それに沿った行政を展開していってこそ自治行政の効率性は確保されると考えるのが至当でありましょう。

　協働型自治行政はその意味において多くの示唆を与えてくれます。つまり、多様な主体が目標達成のために協働するということは、多くの地域住民と能力や資源とがその目標達成のために関わる、ということを意味します。地域社会には様々な問題があり、地域住民は何らかのかたちでそれに関心を持っているわけで、協働型自治行政はそうした関心を持つ地域住民が関われる途を提供してくれるのです。そして、実際に関わった地域住民をいっそう自治的住民に高めさせてくれるのです。これは一元的な行政だけによるところでは考えられない点で、協働型自治行政におけるデモクラシーの確保の面となります。

　他方、地域住民は地域社会における日常生活の専門家でもあります。生活の場において、どんな問題がどのような原因により発生しているのかについて詳しいわけですし、その解決策についても様々な知恵を有しているに違いありません。協働型自治行政はそれらを結集させる手段でもあり、それを駆使していくことによってより効率的な行政運営へと導いてくれるのです。

　かくして協働型自治行政は、一面においてはデモクラシーの確保を、他面においては自治行政の効率性を担保してくれる技法であると考えられます。それと同時に、これまで行政学が取り組んできた「デモクラシーと効率性の調和」の理論的課題に対しても、協働型自治行政が理論構築のために何がし

第5章　デモクラシーと効率性

かの示唆を与えてくれる、と考えるのは私だけでしょうか、皆さんはいかが
受け止められるでしょうか。

【注】

（1）西尾勝『行政学』有斐閣、1993年、304ページから引用。

（2）このような指摘は、アメリカ行政学を研究した学者たちの共通点でもある。
　　たとえば、足立忠夫『行政学』日本評論社、1971年、138-148頁においても同様
　　な指摘がみられる。

（3）辻清明がコメントしている『政治学事典』平凡社（初版第13刷）1965年、
　　1374-5頁を参照。

（4）Jack Rabin, W. Bartley Hildreth and Gerald J. Miller（Eds.）"Handbook
　　of Public Administration", MARCEL DEKKER, INC. 1989, pp977-981（cf.）

（5）アメリカ合衆国における自治体創設および自治体の統治システムについては、
　　筆者が海外調査研究の一環として南加地域に赴き（1977年7月～9月）、ロサン
　　ゼルス・カウンティとそのカウンティ内の12市および自治体になる準備を進めて
　　いた3コミュニティを調査研究した成果に基づいている。なお、その調査研究
　　成果は、海外調査研究報告として、日本地域開発センターの機関誌『地域開発』
　　（上）（中）（下）1978年9月号、10月号、11月号所収報告論文を参照。

（6）この調査研究は1977年7月から9月にかけ、3ヶ月の短期在外研究として筆
　　者が全米都市連盟の協力を得て実施したものである。

（7）この点はロサンゼルス・カウンティ政府の資料による。Ruth Benell,
　　A guide to procedures for City Incorporations, Annexations and Minor
　　Boundary Changes, 1977を参照

（8）拙稿前掲（上）を参照

（9）契約行政方式についてはこの当時（1977年時点）、日本に紹介されたものを発
　　見することはできなかったので、おそらく、上掲（中）のなかで筆者が取り上げ
　　たのが日本では最初ではなかったかと思われる。なお、契約行政方式を採用する
　　にいたった経緯、採用手続き、採用した結果の効果、さらにはこの方式が全米各
　　地に普及行った状況については、当時のレークウッド市の行政長ハワード・チェ
　　ンバーズ（Howard L. Chambers）が提供した資料と氏のコメントによるが、具
　　体的な財政上の効果については筆者の研究報告、上掲（中）を参照されたい。

（10）こうしたモデルは経営学の分野では広く研究されてきているがそれを行政運
　　営に応用しようとする研究はこれまであまりみられなかったようである。日本経
　　営学会が編んだ『現代経営学の系譜』有斐閣（1989）はその点、大いに参考にな
　　ると思われる。とりわけ、同書の第3章管理過程論の系譜（59-98頁）は理論的
　　系譜を知る上でも役に立つ。

（11）この点については、1952年、オランダのハーグで開催された世界政治学会に

おけるフランス人のラングロット教授とイギリス人のバンターブリック教授との激しい論争があり、その内容については日本でも分析紹介されているが、一般にアングロサクソン系の学者は地方自治とデモクラシーとの必然的関連性を主張している。辻清明『日本の地方自治』岩波新書、1976年、及び吉富重雄『地方自治の理念と構造』有斐閣、1963年などを参照されたい。

(12) 荒木昭次郎『参加と協働』ぎょうせい、1990年を参照。また、この点の理論的な枠組みについては、筆者が寄稿した論文「自治行政にみる市民参加の発展形態」、社会保障研究所編『社会福祉における市民参加』東京大学出版会、1996年、209-229頁を参照。

(13) 筆者は協働型自治行政という概念で多元的な主体による地方自治のあり方を研究してきたが、そうした概念で「協働」という概念を用いて自治行政のあり方を検討した成果もみられる。河合隼人［監修］『日本のフロンティアは日本の中にある＝自律と協治で気づく新世紀』（「21世紀日本の構想」懇談会）講談社、2000年をみよ。

(14) このような捉え方は、そもそもデモクラシーという政治様式は完成されたものは存在せず、常に、統治のための諸条件を整備していくことによって現在よりもすぐれた様式を追求し続けていくという考え方に根ざしている。過去から現在へ、そして、現在から将来へ充実発展させていく論理構造の展開を言っているもので、類似の展開は篠原一『現代の政治力学』みすず書房、1962年でもみられる。同書の4-28頁を参照。

(15) Dennis F. Thompson, The Democratic Citizen, Cambridge University Press., 1970, p.1, p.13, p15, and pp.53-64（cf.）

(16) Victor R. Fuchs, The Service Economy, 1968を参照。なお、詳細については拙著『参加と協働』19-20頁をみよ。

(17) もとより彼らは企業経営の立場から、社会的責任の問題はあるにしても、能率や効率を高めるための管理のあり方を追求しているのであって、行政運営に必要な民主性の確保を目的としていないのは当然のことであろう。要は、そうした企業経営における管理論を行政運営に適用させていく場合、行政研究者が民主性の確保という視点でカバーしていくべきであったと思われる。

第6章 「自治」と「協治」
～新しい公民協働のあり方～

はじめに

　この本の大きなテーマは、「協治」という言葉について、それが我々が暮らす地域社会にとってどのような意味を持つかを考えることです。本のタイトルにもあるように、これからの地域社会は「協治の世界」の実現を目指し、その方向に向けて進んでいかなければなりません。では、その協治という言葉はどういう意味合いを指すのでしょうか。この言葉は新しい言葉ですので、皆さんは聞いたことがないかもしれません。ですから、その言葉の意味をご理解いただく必要があります。

　「協治」という言葉は、ごくごく単純に言えば「協働」で「自治」を行うということです。協働の理念を根本として自治行政を行っていくことが協治であるということになるでしょう。ということは、自治という言葉、協働という言葉の本当の意味を知らなければ、協治という考え方を理解することはできないということになります。そこで本章では、「協治」を理解するための考え方を字義的に整理してみることとしましょう。

1. 「自治」と「協働」

　「自治」という言葉ならば、一般に広く知られています。ほとんどの人は、自治という言葉をご存じでしょう。しかし、その言葉の持つ本当の意味合いは理解されているでしょうか。多くの人は、自治という言葉を国政との対置の中で、「国が行っている国政の地方版として、県庁や市役所・町村役場が行っているのが地方自治」といったように漠然と考えているでしょう。しかし、この理解は本当に正しいのでしょうか。

　自治を「都道府県や市町村が行っていること」と捉えてしまうと、自分とは関係ないところで誰かが行っている他人事になってしまいます。企業やお店などが提供しているサービスであれば、関係ある人もない人もいますので、

そのような理解の仕方でもいいかもしれません。しかしながら、自治については、その地域に住んでいる人には全て関わりがあります。もし、自治行政が適正に行われていなかったり、住民が望んでいないことが行政の論理のみで進められたりしていて、なにか不都合が起こったとき、そのツケを払うのは行政の職員だけではありません。そこに暮らす住民もまた、その責任から逃れることはできないのです。自分に関係があることが明らかな地域のことがらであるにも関わらず、「自分は自治とは関係ない」と考え、自分の意見や要望も伝えようとせず、全ての判断をどこかの誰かにお任せにしているとしたら、問題が生じたときに文句を言う権利もないのではないでしょうか。そう考えてみると、自治という言葉は都道府県や市町村の職員だけに関係するものではなく、地域に暮らす我々一人ひとりに密接に関わっていることであることが分かります。

　自治という言葉を辞書で引いてみると、次のような意味合いが出てきます。

【自治】

①　自分たちのことを自分たちで処理すること。

②　人民が国の機関によらず自らの手で行政を行うこと。特に、地域団体
　　による地方自治をさすことが多い。　　　　　　　　　　（大辞林）

多くの人たちが考えている自治の意味合いは②、特にその後半部分だけの理解のようです。しかし、辞書の書き方によると、自治の本来の意味合いはそれだけではありません。①の記述によれば、自治とは本来「自分たちに関わることを自分たちできちんと行う」という意味です。これを現実社会に当てはめてみると、自治とは他人まかせではなく我々が暮らす地域に生じる問題について自分たちで解決に取り組むことを意味することになります。これはすなわち、自分たちでできることについては、どこかの誰かに依存するのではなく、自分たちで取り組むという自主的・自律的な意味合いであり、このことは②の前半部分からも読み取れるでしょう。人民が国によらずに自ら行政を行うということは、国頼みではなく我々が自分自身で自分たちを統治していかなければいけないということを意味します。つまり、自治の究極の

主体は、そこに暮らす住民一人ひとりであるということです。

　もちろん、住民が究極の主体とは言っても、我々にはそれぞれ生業という
ものがあり、仕事をしてお金を稼いで日々を暮らしていかなければいけませ
ん。どんなに意識の高い人であっても、四六時中地域のことを考え続けてい
るわけにはいかないでしょう。そのため、本来の主人公である自分たちに代
わって専属で地域の仕事を行う機関を設置し、地域の公共に関わる行政の仕
事に任ずる必要があります。それこそが都道府県であり、市町村である――
本来の自治という言葉に基づけば、このように考えられるのではないでしょ
うか。我々は、事務局としての自治体を信頼して日々の専門的仕事を任せる
としても、それを以て自分は自治とは無関係であると考えてはいけません。
自治体の行政がちゃんと自分たちの意向に沿っているかどうかチェックする
とともに、なにが自分たちの暮らす地域にとって重要な事項なのか、優先順
位を自分たちで議論し決めていくといった姿勢が求められます。それこそが、
究極の自治の主体としての住民の果たすべき役割です。

　以上のことに鑑みれば、「自治」という言葉は、どこかの誰かに統治して
もらっておとなしくそれに従うという「自ずから治まる」受動的概念ではな
く、自分たちのことを「自ら治める」という積極的・能動的な自己統治の概
念として理解する必要があると言えるでしょう。

　それではもう一つ、「協働」という言葉はどのような意味合を持つ言葉
でしょうか。自治に比べて聞き慣れないかもしれませんが、少し地方自治や
まちづくりに興味のある方は、協働という言葉もご存じだと思います。協働
は、近年では地方自治を語るうえで欠かせない用語となりました。今や、大
小問わず、およそ全国の全ての自治体がこの「協働」の推進を謳っていると
言ってよいでしょう。例えば、「行政と住民とのパートナーシップ」だった
り、「住民参加のまちづくり」だったり、自治体によって表現は色々あるで
しょうが、その中心にあって共通している理念は、この協働という考え方で
す。

第6章 「自治」と「協治」

　では、この協働とはどういう意味なのでしょうか。この言葉は、一般的には「公と民が協力・連携していくこと」という意味合いで理解されています。さらに、自治体の職員の間では、「民の側に行政に協力してもらうこと」という風に捉えられているかもしれません。しかしながら、この理解の仕方にも、実は大きな問題点があります。

　協働を、「公と民とが協力・連携すること」であるとしましょう。連携していくことはもちろんいいことだと思います。しかし、ここで問われなければならないのは、そのときの両主体の関係性です。果たしてその関係は、両者がお互いに尊重しあえる対等な関係に立ったうえでの協力・連携でしょうか。それとも、上司が部下に命令して部下がそれを忠実に実行するような関係を指しての協力・連携なのでしょうか。これまでの自治の現場においては、どちらかといえば後者が多かったかもしれません。もちろん、行政の側が上司で、住民やNPOなどの民の側が部下の役回りです。甚だしくなると、行政の仕事は重要だから住民やNPOが協力するのは当然だと考えたり、行政の仕事の下請け業者のように扱ったりするなど、行政が自らに都合よく解釈した協働論がまかり通ることになります。このような捉え方では、民の側が、公が押しつけてくる協働にうんざりしてしまうでしょう。

　では、協働の本来の意味合いはどういうものなのでしょうか。この協働という言葉は、英単語のCo-productionを日本語に訳したものです。そのため、本来の英単語の意味を理解すれば、協働の何たるかも分かるということになります。Co-productionは、米インディアナ大のヴィンセント、エリノアのオストロム夫妻が唱えた造語です。Co-は「共に」という意味を表す接頭辞、productionは「生産」を意味します。従って、これらをくっつけて一つの単語にすると「共に生産していく」という意味になります。何を生産するかというと、それは地域における公共サービスに他なりません。つまり、Co-productionという言葉は「公と民が一緒になって公共サービスを生み出していく」という意味合いなのです。

　この英単語の意味が分かってしまえば、協働の理念を理解するのも難し

135

くありません。接頭辞Co-は、複数の自立した主体による連携を意味します。コラボレーション（Collaboration）、コーディネーション（Coordination）などの単語を思い起こせば分かりやすいでしょう。特にCoordinationなどは、日本語でよく使われる「調整」という訳以外に、「同等にする」「対等関係」などの意味も持っています。従って、この接頭語がつく協働（Co-production）においても、その中で公共サービスの生産に携わる主体は互いに対等な関係にあるということになります。

　もう一つ、生産を行う（Production）に当たっては、そこに関わる主体はみな、なるべく低いコストでなるべく良いものを作り出すことに向けて努力を行うのが当然でしょう。みんなが協力したとしても、無駄なことを行っていたり、不必要な資源を投じて質の悪いものを作ったりしているのであれば、それは生産ではなく浪費と呼ばれます。つまり、Co-productionという言葉は、対等な主体が協力・連携して、より良い公共サービスをより効率的に生産していこうという考え方に他なりません。

　このCo-productionという考え方が理解できさえすれば、協働という言葉の持つ本来の意味合いもすんなり分かるでしょう。協働は、「異なる複数の主体が互いに共有可能な目標を設定し、その目標を達成していくために各主体が対等な立場にたって自主・自律的に相互交流しあい、単一主体で取り組むよりもより効率的に、そして相乗効果的に目標を達成していくことができる手段」であるとされます（荒木昭次郎『協働型自治行政の理念と実際』）。この定義に基づけば、自治体における協働とは、公と民が互いに対等な立場で知恵と工夫を出し合いながら、それまでよりももっと良いサービスをもっと効率的に作り出していくための手段であるということが分かります。もちろん、行政の側に住民を見下すような気持ちがあったり、住民の側に行政に対する依存心があったりしたら、上手く協働を進めていくことはできません。互いに対等な立場で相手を尊重しながら自らの持つ知恵と力を発揮していくこと、それこそが協働であるといっていいでしょう。

2.「ガバナンス」という言葉

　協治を理解するに当たって、それと類似する考え方の一つであるガバナンス（Governance）についても述べておきましょう。

　この「ガバナンス」という言葉も、一般の方にとってはあまり聞き慣れない言葉かもしれませんが、自治の世界では普通に使われるようになっていますので、地方自治に興味を持っている人は聞かれたことがあると思います。しかし、その意味について詳しく理解している人は多くはないでしょう。聞き覚えのある人も、多くの場合、「政府による一方的な支配でない統治形態」などの漠然としたイメージではないでしょうか。

　では、この語義が曖昧なままに使われるようになったガバナンスという言葉は、本来はどういう意味合いなのでしょうか。自治研究において、ガバナンスとは、国による一方的・一元的な統治ではなく対等な各主体の信託関係による統治を目指す、という意味を指します。つまり、我々一人ひとりが様々な組織や機関に自分たちの持つ権利を負託し、それをもとに統治が行われるということになります。元々の権利を持っているのは当然我々住民ですので、負託した権利が適切に行使されているかどうか、行使のルールが明確かどうか、託す側の権利が十分に確保されているか、託された側が期待に応えているか、それらをどう評価するかについて、常に問いかけられることになります。

　しかしこれまで、実際に住民が国や自治体に対してこのような問題意識を持つことは少なかったのではないでしょうか。我々は、ややもすれば統治者の権力の源が自分たちに発していることを忘れ、権力が行使されるのを統治者が持つ当然の権利のように捉えてしまいます。そのことが、日本語に「ガバメント」に対応する政府という言葉はあっても、「ガバナンス」に対応するのにふさわしい日本語が存在せず、未だに外来語のカタカナとして表記され続けている理由かもしれません。

　このガバナンスという言葉についても、辞書で引いてみましょう。そこに

は、こう書いてあります。

【ガバナンス】

●統治。日本では、多くコーポレートガバナンス（企業統治）の意味で使
われる。 (大辞泉)

ここで見られるとおり、ビジネスの分野では既に「コーポレート・ガバナ
ンス」という表現が使用されており、日本ではそちらの方がガバナンスの一
般的な理解だとされています。では、ビジネスの世界ではガバナンスはどの
ように理解されてきたのでしょうか。それを調べてみることで、自治におけ
るガバナンスについても理解を深めることができるでしょう。

ビジネスの世界においても、かつては閉鎖的・家族的な経営スタイルが当
たり前でした。創業者一族などが権力を持つのは当然と考えたり、従業員は
家族の一員であるとして福利厚生を手厚くし、その代わり従業員側は滅私奉
公的に働いたりするという姿が「日本型経営」と言われてきたわけです。し
かしながら、企業を取り巻く環境は行政のそれよりもずっと以前に変化しま
した。バブル崩壊と長引く景気の低迷の中で、市場のグローバル化、外資参
入や銀行再編、機関投資家や外国人資本家の参入などへの対応を迫られるこ
ととなったのです。そのため、企業は否応なしに旧来の経営スタイルを一新
しなければならなくなりました。このような流れの中で、企業の行動を規律
づける仕組みとしての「コーポレート・ガバナンス」という考え方が、行政
に先んじて導入されたわけです。

企業の場合は、法人を所有するのは株主であり、実際に経営を行うのは経
営陣ということになります。株主は所有者でありながら、日常的には企業の
経営にタッチしません。従って、経営陣が企業の目的や株主の利益にかなう
ように行動しているかどうか、チェックするシステムが必要になります。も
ちろん、企業に利害関係を持つのは株主だけではありません。その企業の製
品やサービスを購入する消費者も利害関係者の一人です。また、企業に務め
る従業員やその企業と取引を行う他の企業、そしてその企業が立地する地域
の住民や自治体など、様々な主体が企業経営に利害関係者として関わってい

ます。

　このように、今や企業は経営者だけが理解していればいいという私物ではなく、様々な利害関係者を意識しながら経営していかなければなりません。そのため企業は、様々な手段でこれらの各主体との適正な関係を構築していこうとしています。そのような一連の取組がコーポレート・ガバナンスと呼ばれているわけです。コーポレート・ガバナンスとして理解されている取組の例をあげてみましょう。まずは、CSR（Corporate Social Responsibility・企業の社会的責任）と呼ばれる取組があげられます。これは、営利企業であったとしても地域社会の一員としての社会的存在であると自らをとらえ、企業全体で説明責任を果たしたり、地域貢献活動に取り組んでいったりするというものです。また、企業倫理を遵守するための「企業行動憲章」を策定したり、経営に外部の者の視点を取り入れるための「社外重役制度」を導入したりするなどの取組も、コーポレート・ガバナンスの一つとなります。

　では、なぜ企業は行政よりも先行してガバナンスに取り組むことができたのでしょうか。それには幾つかの理由があげられるでしょう。

① 経営資源動員先との関係

　企業の経営資源としての資金を供出している株主や銀行に対して説明責任を果たしていく必要に迫られるようになったこと

② 顧客との関係

　顧客である消費者に自社を選択してもらうためには、その信頼を確保しなければならないこと

③ 従業員との関係

　グローバル化、人材の流動化など複雑化する環境の中で、従業員との関係を再構築していかなければならないこと

④ 主体間関係の対等性

　対等な立場での契約締結に慣れている企業にとっては、明示的な取り決めのもとに各主体との適正関係を構築していくというガバナンスの

概念に馴染みやすいということ

　このような理由から、企業の世界においてはガバナンスという考え方が浸透してきました。それでは、この４つの理由を、行政に当てはめてみた場合はどうなるでしょうか。まずは、国に当てはめて考えてみましょう。

　まず、①の経営資源動員先との関係について考えてみましょう。企業の場合、経営資源としての資金を供出する株主や銀行に対して説明責任が求められます。これを国に置き換えてみると、その経営資源を供出しているのは国民ということになります。国民主権という言葉があるとおり、政府の権限の源は人々からの権限の信託です。また、その運営にかかる費用についても税金でまかなわれています。ですから、国としては当然に住民に対して説明責任を果たしていかなければなりません。しかし現実には、十分に説明責任を果たしているとは言いがたいのではないでしょうか。

　続いて、②の顧客との関係です。企業の顧客である消費者は、企業に対して不満があるときは、その製品やサービスを購入しないという選択をします。これは、直接の商品に対する不満だけとは限りません。企業が不正などで信頼を失えば、仮に商品に不満がなかったとしても、顧客はその企業から離れていきます。一度失った信用を回復するのは容易ではなく、企業の存続に関わることになるため、企業は顧客の信頼を得ようと必死に努力することになります。しかし、国の場合はどうでしょうか。政府には、そのエリア内に「競合他社」が存在しません。顧客である国民が政府に不満を持ったとしても、離れることは簡単ではないでしょう。政府としては、仮に失敗をして信頼を失ったとしても、それによって顧客を失うことはありません。そのため、顧客の信頼を確保しようとする考え方はなかなか生まれないわけです。

　③の従業員との関係に関しても同様です。公務員の世界は民間とは異なり、未だに人材の流動化とはほぼ無関係です。最近でこそ社会人経験者の採用などが行われるようになりましたが、基本的には国家公務員試験の合格者が中央省庁に採用され、そこで定年まで勤めるというのが一般的でしょう。働く職員にとっても、自分の省庁が巨大なため、そこでの人間関係や出世だけが

重要となり、他の省庁のしていることには我関せずとなってしまうかもしれません。

④の主体間の対等性についても、国と企業の感覚は異なるでしょう。日本においては、長い間中央集権体制が維持され、国が「公」を独占してきました。官尊民卑といった感覚も根強く残っています。そのような意識の中では、ガバナンスという考え方はなかなか浸透していかないでしょう。

企業で先行したガバナンスの取組が、国においてはなかなか根付かないのは以上のような理由によるものと思われます。それでは、都道府県や市町村などの自治体の場合はどうでしょうか。上の①～④を今度は自治体に当てはめて考えてみましょう。

まず①については、自治体の場合、国に比べて経営資源動員先である地域住民との距離が非常に近いという違いがあります。直接国民に接することが少ない中央省庁の官僚に比べて、自治体職員、なかんずく市町村職員は、ダイレクトに住民と接することが多いでしょう。しかも、議院内閣制をとっている国と違い、自治体の首長は住民が直接選挙で選出するため、その意味でも経営資源動員先としての住民の声にしっかりと対応していかなければいけないということになります。

また、②の顧客との関係についても国とは違います。顧客である住民が自治体のすることに対して不満を持ったり信頼を失ったりした場合、場合によってはその自治体を捨てて別のところに転居するかもしれません。住民のこのような行動を研究した経済学者・地理学者のＣ．ティボーは、自治体を様々な価格（税金）で様々な品物（行政サービス）を提供する主体に見立て、そこに暮らしている住民がその費用対効果を判断し、自治体が提供する品物が価格に見合わない場合は購入をやめる（居住地を移す）というモデル（ティボー・モデル）を示しました。このモデルのような判断を行って転出した住民は、まず元の自治体に戻ってきたりはしません。そこにその住民が住み続けていれば生み出されたであろう付加価値、支払われたはずの税金、世帯を持ったり子どもが生まれたりして変化する人口などが半永久的に失われる

わけですから、住民の流出によって地域力が失われることは自治体にとって
は大問題です。そのため、自治体にとって顧客との適正の関係の構築は、国
よりもはるかに重要な問題となります。

　③の従業員の視点も大切です。自治体は、国の中央省庁よりもはるかに規
模が小さいにも関わらず、そのカバーする仕事のジャンルは、各省庁の枠を
超えた全体的・総合的なものです。いわば、少数精鋭であらゆるジャンルの
地域課題に立ち向かっていかなければならないということになります。そのた
めには、研修を通じて職員一人ひとりの能力を高めていく必要があることは
言うまでもないでしょう。また職員自身も、お役所仕事のような感覚を捨て
て全力で取り組んでいかなければいけません。厳しさを増す顧客（住民）の
視点も踏まえ、自治体と職員との関係も良い意味での緊張感を持つ形で再構
築される必要があります。

　しかしながら、自治体職員がどれほど優秀だったとしても、限られた財源
と人員の中でますます増えていく業務をこなさなければならないことに鑑み
れば、行政だけで対応できる範囲にはどうしても限界があるでしょう。この
限界を突破するためには、どうしても地域が持つ力を活用し、住民と連携・
協力しながら様々な地域課題に対処していく必要があります。ここで大切と
なるのが、先ほど出てきた「協働」という考え方です。自治体だけでは対処
しきれない課題だったとしても、地域住民の力を結集し様々な知恵を出し合
うことで対応が可能となることもあるはずです。そのためには、最後の④の
主体間の対等性に基づく協働が重要となるでしょう。

　このように、企業におけるガバナンスの４つの要素を適用した見た場合、
国に比べて自治体の方がよりガバナンスの概念に馴染むことになります。行
政におけるガバナンスは、国レベルよりも先に地方レベルにおいて実現され
ていくべきものであるということになるでしょう。

3.「自治」と「協治」

　改めて協治という言葉を振り返ることとしましょう。本章の冒頭で、協治とは単純に言えば協働の自治であると述べました。自治の究極の主体は、その地域に暮らす住民です。住民一人ひとりが、地域にとって何が必要かを考え、優先順位を議論し、自ら治めていけるようになっていく必要があります。また、協働とは、公と民とが一緒になって地域の公共サービスを生み出していくというというCo-productionの考え方です。この両者の考え方に基づくならば、自治の本来の主役である住民が、自治体が行う行政活動に自分たちの意思を反映させるために、もっと積極的に関与していくことが求められます。住民は、自治体と一緒に知恵を出し汗をかきながら自らの能力を存分に発揮していくことで、自治の主役としての役割を果たすとともに、自己実現をはかることもできます。また、自治体にとっては、住民ニーズのないサービスを廃止し住民が真に望んでいるサービスに重点を置いていくことを可能とし、より効率的な行政運営を実現することができます。自治体が自らの限界をしっかりと認識し、頼るべき部分は民の力に頼ることで、公と民が相乗効果を発揮してよりよい地域が生まれていくでしょう。

　このような協働の自治の考え方にたってガバナンスを見てみましょう。企業のガバナンスにせよ、国のガバナンスにせよ、そこでは統治主体はあくまで企業であり政府でした。そこに現れるプレイヤーとしての住民は、顧客あるいは経営資源動員先として、企業や政府が自分たちの信頼に応えているかどうかを検証していく「客体」としての存在となっています。企業や国であればこのような定義でもガバナンス概念としては十分でしょう。しかし、自治の世界においては、もう少し違うガバナンスの捉え方が必要となります。自治の主人公が住民である以上、自治体のガバナンスにおける住民は、その権利を負託し活動をチェックするという「客体」としての存在を越えて、自ら治めていくという「主体」としての役割も果たしていく必要があるでしょう。住民は、行政による「統治対象」のみとして捉えられるべき存在ではあ

りません。現在ではそこに「顧客」概念が加わっていますが、自治体においてはそれをさらに越えて、ともに自治を担っていく「対等な主体としての住民」概念を構築していく必要があります。一般的なガバナンスは、企業や政府を主体とし顧客である住民を客体とする概念ですが、自治におけるガバナンスでは、公も民も皆、主体となるような概念でなければなりません。協働がCo-productionで表されるように、自治におけるガバナンスはCo-Governanceと表現されていく必要があります。そして、このコ・ガバナンスの考え方こそが、この本のメインテーマである「協治」であるといえます。公と民のそれぞれの主体が、お互いに対等な立場で地域のあり方を考え、協働しながら「自ら治める」自治を実現していくこと——これこそが協治と呼ぶのにふさわしい概念ではないでしょうか。

第7章　協働のまちづくりとは
～社会の成熟化から見る協働の意義～

はじめに

　現代の自治行政における鍵となる概念の一つに、「協働」があげられます。この協働という言葉は、今や全国の自治体で使われるようになっています。多くの市町村において「協働のまちづくり」や「住民自治の推進」ということが謳われ、また、公と民との協働のあり方を規定する法規範としての自治基本条例も次々に策定が進められています。

　では、この協働という言葉は、現在なぜこれほどまでに全国の自治体で注目されるようになったのでしょうか。それには大きく二つの理由があります。一つは自治体側の抱える問題です。財政難や人員削減などにより、行政の力はかつてに比べ相対的に弱まってきています。そのため、自治体としてはまちづくりを進めるに当たって、住民と一緒になって取り組まざるを得ない状況になっています。もう一つは住民側の理由です。社会の成熟化に伴い、いまや民の力はどんどん強くなっています。行政が単独で行うよりも、住民たちが中心となって取り組む方が遥かに効率的・効果的であるという状況が見られるようになってきているのです。

　本章では、この協働という言葉について、その広がりの背景と、真の協働を実現するために必要となる理念について説明したいと思います。

1．協働とは何か

　協働という言葉が全国の自治体で盛んに使われています。特に、市町村レベルの基礎自治体においてはほぼ全てと言っていいくらい、あらゆる自治体において協働の推進が謳われるようになっています。ことさらに「協働」という言葉を使わなくても、「住民自治の推進」「市民参加」「住民主体のまちづくり」などは多くの自治体が進めている取組でしょう。これらのスローガンも全て、公と民との協働という考え方に基づくものです。協働は、今や全

国の自治体の政策における中心的な理念の一つとなっていると言っても過言ではありません。

　これほどまでによく使われるようになっている協働という言葉ですが、その詳しい定義をよく知らずに使用している自治体も多いようです。まずは、協働に関するきちんとした定義を知っておきましょう。前の方の章でも触れたとおり、協働とは以下のように定義されています。

【協働】
●異なる複数の主体が互いに共有可能な目標を設定し、その目標を達成していくために各主体が対等な立場にたって自主・自律的に相互交流しあい、単一主体で取り組むよりもより効率的に、そして相乗効果的に目標を達成していくことができる手段

（荒木昭次郎『協働型自治行政の理念と実際』）

　この定義によれば、協働はあらゆる対等な主体同士で成立するものです。例えば、自治体と自治体とが連携する公と公との協働の取組として、同一エリアの自治体が一緒に観光戦略に取り組んだり、災害時に相互応援協定を締結したりなどの事例があげられます。制度的な枠組みとしては、特別地方公共団体である一部事務組合の設置や定住自立圏構想の協定締結などもあるでしょう。海外の事例ですが、米カリフォルニア州レイクウッド市に代表されるコントラクト・シティの取組もまた、公と公との協働として捉えていいのではないでしょうか。

　もちろん、民と民との協働もあります。企業などでの共同研究・共同開発などはもちろん、地域においても住民組織同士の連携や住民とNPOとの連携などが行われているのは随所で目にするところです。

　このように、協働という言葉はもともと定義上、様々な主体に適用することができます。しかしながら、現在この言葉を用いる際、代表的な意味合いとして使用されているのは、公と民の間での協働でしょう。特に自治の世界においては、協働という言葉は行政と住民との間の協働を指して使用されることが大半です。おおまかには「国や県、市町村が行う行政活動に、住民や

地域の各主体（地域づくり団体・NPO・企業等）が参加し、行政と力を合わせて、より良い地域をつくりあげていくこと」といったような意味になるのではないでしょうか。つまり、これまでは行政が行っていた活動に住民も積極的に参加し、公と民がお互いに対等な立場で知恵を出し合い力を合わせていくことこそが、自治における協働ということになります。

　この意味合いで協働を捉えた場合、次のような疑問がわいてきます。最初の疑問は、「公共」の仕事に住民が関わってもいいのか、ということについてです。民間のことがらであれば、民と民とが協働しようと自由でしょう。しかし、公共の仕事は行政しか行ってはいけないのではないでしょうか。

　二つ目の疑問は、なぜ行政活動に住民が参加するようになったのかということです。行政がこれまで行ってきた活動であれば行政だけがやればいいのではないでしょうか。また住民が高度な行政の仕事に協力などできるのでしょうか。

　そして三つ目の疑問は、公と民とが協働するためには何が必要なのかということです。規模も考え方も違う両者が協働するためには、互いにどのような心がけを持てばいいのでしょうか。

　これら三つの疑問について、一つひとつ考えていくことにしましょう。

2．公共とは何か

　一つ目の疑問は、公共のことに民が関わっていいのかどうかということです。なぜこういう疑問が生じるかというと、私たちの中に「公共＝行政」というイメージがあるからです。一般的に公共という言葉が使われるとき、我々はほとんど自動的に行政を連想しています。では公共という言葉の本当の意味はどのようなものでしょうか。この言葉を辞書で引いてみましょう。

【公共】
①　社会全体に関すること。おおやけ。
②　おおやけのものとして共有すること。　　　　　　　　　（大辞林）

第7章　協働のまちづくりとは

　どうも公共を理解するには「おおやけ」を調べる必要があるようです。この言葉についても調べてみます。

【おおやけ】
　Ａ）政治や行政にたずさわる組織・機関。国・政府・地方公共団体など。
　　　古くは朝廷・幕府などをさす。
　Ｂ）個人ではなく、組織あるいは広く世間一般の人にかかわっていること。
　Ｃ）事柄が外部に表れ出ること。表ざた。表むき。
　Ｄ）天皇。また、皇后や中宮。　　　　　　　　　　　　　　（大辞林）

　このうち、ＣとＤについては今回の話からは除外してよさそうですので、ＡとＢについて考えてみましょう。我々が「公共＝行政」と考えるのは、「おおやけ」の意味のうちＡとして理解しているからです。確かに「おおやけ」には行政という意味合いがあるようです。しかしながら、Ａの「行政」という理解を、そのまま公共の方の「おおやけ」という言葉に当てはめてみたとき、果たして意味が通るでしょうか。

　まずは、公共の①の方の説明文章の「おおやけ」に、Ａの「行政」という意味を入れ込んでみましょう。①の「社会全体に関すること。おおやけ。」という説明には、「社会全体に関すること」という前書きがあります。この言葉にＡの「行政」という言葉を続けてみても、どうにも両者がつながりません。一方で、Ｂの「広く世間一般の人にかかわること」という意味合いならば、この文言に違和感なく続けることができます。従って、①の説明のおおやけに入る意味合いは、Ａの「行政」よりも、むしろＢの「広く世間一般の人にかかわること」のようです。

　同様に、公共の②の「おおやけのものとして共有すること。」の方にも、ＡとＢを入れてみましょう。Ａを入れ込んでみると、「行政のものとして共有すること」になります。これではあまり意味が通りません。一方、Ｂを入れてみると、「広く世間一般の人にかかわるものとして共有すること」になります。こちらの方が意味合いとしてはずっと通りやすいでしょう。

　以上のとおり、公共という言葉については本来はＢの方、「広く社会全体

149

に関わるもの」として理解するのが正しいことになります。我々は長い間、公共をＡの意味で理解していました。しかしながら本来の公共は、むしろＢの方の意味、「みんなに関わるもの」と理解しなければならないのです。

　このことは、「公共」という言葉が入った単語を幾つか思い起こしてみても分かるでしょう。例えば、「公共の場所」「公共マナー」「公共交通機関」などの言葉を使うとき、私たちが想定するのは明らかにＢの方の「社会全体に関わる」という意味合いです。「公共の場所」は、行政庁舎の中だけではありません。駅のホームや人々の集まる広場も公共の場所です。「公共マナー」という場合、それは市役所の中では行儀良くしなさいという意味ではないでしょう。大声で騒がない、タバコのポイ捨てをしないなども立派な公共マナーです。また、「公共交通機関でお越しください」と言うときも、そこには市営バスや市営地下鉄だけではなく、民間のバスやタクシーなども明らかに含まれています。このように我々は、「公共○○」という表現をするときは本来の公共の意味を念頭に置いています。しかしながら、なぜか「公共」と二文字で使うときだけ、この本来の意味合いは消えてしまい、行政という概念が浮かび上がってくるわけです。

　ではなぜ私たちは公共を本来の意味合いではなく「行政」という意味合いで理解してきたのでしょうか。それはおそらく、日本においては長い間公共サービスを行政のみが供給してきたということが原因でしょう。終戦以降の福祉国家化の進展に伴い、行政は地域の公共サービスを全て独占していきました。本来は住民が自分たちの手で処理していたような地域の仕事さえも、行政が次々に丸抱えしていったのです。この過程で、住民の側も行政が全てのサービスを提供してくれるものと思い込んでしまい、行政依存の体質が染みついてしまいました。行政・住民の双方に「お上意識」が芽生え、行政は自ら「公共」をもって任じ、住民は身近な地域課題の解決に至るまで行政に委ねることになってしまったのです。

　法的な枠組みも、「公共＝行政」意識を後押ししてきました。例えば、行政の設置する「公の施設」は、以前はどのような施設であろうと「おおや

け」であるとして行政、もしくは行政に関係する団体しか管理することができませんでした。もちろん中には行政が管理すべき施設もあるでしょうが、駐車場や温泉センターのような施設まで公務員でなければ管理できないのか、と問われれば首をかしげざるを得ません。しかしながら、地方自治法上は2000年代に入るまで「おおやけの施設だから行政である」とばかりに行政にしか管理を認めていなかったのです。（法律の改正により現在では指定管理者制度が導入されています。）

　行政が長い間公共サービスを独占してきた結果、我々の頭の中には、公共とは行政のことであるという意識が刷り込まれてしまいました。しかしながら、先ほど述べたとおり公共の本来の意味合いは「広く社会全体に関わること」というものです。そう考えれば、行政が行っている公共の仕事に民が関わることも不思議ではありません。もちろん、戸籍や許認可などプライバシーに関わる仕事は行政にしかできません。しかし、まちづくりの取組など地域社会全体に関わることについては、行政だけではなく住民が参加しても何の問題もないわけです。むしろ、地域住民みんなに関わる仕事については公民協働で行うというあり方の方が望ましいのではないでしょうか。そのことに皆が気づき始めたからこそ、協働という言葉が今、全国の自治体にこれほど広まることになったのではないでしょうか。

3．行政の変化、住民の変化

　二つ目の疑問は、なぜ行政と住民が協働するようになったのかということです。行政活動であれば行政がやればいいのではないでしょうか。また住民が高度な行政の仕事に協力などできるのでしょうか。この疑問について考えるために、行政と住民とがそれぞれどのように変化してきたのかを見ていくこととしましょう。なお、先述のとおり、行政でしかできないプライバシーに関わるような仕事は協働には馴染みません。ここでは協働の取組の例として「まちづくり」の取組について考えていくことにしましょう。

まちづくり（あるいは地域づくり）という言葉についても、実は正確な定義というものはありません。様々な場面で、様々な人たちが自分たちのまちづくりを進めています。しかしながら、それらの活動の根底に流れる考え方はほぼ共通しているようです。その目的を外面的に見た場合は、「地域を活性化させる」ということになるでしょう。まちづくりの取組によって定住人口・交流人口を増やしたり、地域産業を盛り上げたりするという考え方です。また、内面的に見た場合、「生きがいを見つける」という目的になるかもしれません。そこに暮らす住民たちが活動を通して元気になったり、自己実現できるような取組がまちづくりでしょう。

　それでは、このまちづくりの取組は日本の各地でこれまでどのように進められてきたのでしょうか。改めて言うまでもないと思いますが、多くの自治体、多くの地域において、これまでのまちづくりは行政主体の「公共事業型」まちづくりでした。地域を活性化するということは、もちろん地域にとって重要な「公共サービス」です。そして、日本では公共サービスはほとんど全て行政が独占してきました。そのため、住民もまちづくりを進めることは行政の責任であるとして、「最近うちの地域が元気がなくなっている。行政にはしっかりとまちづくりを考えてもらわなければ困る。」とばかりに、要望という形で地域の活性化を行政に要求してきていたわけです。行政はもちろん、このような住民の要望に応じて積極的にまちづくりに取り組みました。しかしながら、その手法は行政が得意とするハコ物づくりがメインでした。公共事業型のまちづくりが全国各地で行われ、あちこちに温泉センター、運動施設、物産館などが大金を投じてつくられていきました。

　この行政主体のまちづくりが主眼としているのは、先ほどの区分で言えば外面的な目的、「地域を活性化させる」の方だといっていいでしょう。このような公共事業型まちづくりの問題点の一つは、まちづくりにおけるもう一方の内面的な目的、「生きがいを見つける」という方への寄与が不明な点です。住民自身が汗もかかず知恵も出さず、苦労もなしにいつの間にかできあがるハコ物によって、住民自身が自己実現を図ることができるかどうかはよ

152

第 7 章　協働のまちづくりとは

く分かりません。場合によっては、建物はできたけれど中身がない、使う人がいないということにもなりかねません。にもかかわらず、これまで日本の多くの地域においてこのような公共事業型まちづくりが進められてきました。

　しかしながら、近年、まちづくりにおけるこのような流れが変わってきています。時代の流れの中で、行政のみが行うまちづくりから、徐々に住民との協働によるまちづくりへとシフトしているのです。その理由は、行政と住民双方が置かれている状況が、昔に比べて大きく変化しているからです。それらを見ていくことにしましょう。

　はじめに行政の置かれている状況について考えてみましょう。かつて自治体は国から様々な指示を受けながら日々の業務をこなしていました。自治体が国の機関として行う仕事である「機関委任事務」の存在が、国と自治体を上下関係に固定化してしまっていたのです。しかし、1990年代以降の地方分権改革の流れの中でこの制度に対する批判が強まり、結果的に2000年施行の地方分権一括法によって機関委任事務は廃止されることになりました。これによって、国と地方は上下関係から対等・協力の関係となったわけです。そして、様々な行政事務が、より地域に近いところへということで、国から都道府県へ、都道府県から市町村へと権限委譲されています。

　地方分権が進むことはもちろんいいことでしょう。分権が進むことで、地方が自らの自治体に必要な政策を自ら決定する力、実行していく力を獲得するならば、自治の強化にとって大きな意義があります。ところが、現実にはどうでしょうか。

　自治体が自分で政策を決定していくには、それを決める権限、それを可能とする財源、そしてそれを実行する人間という「3つのゲン」が必要になります。しかし、国が進めた地方分権改革の中で、これらの3つのゲンが十分に地方に分け与えられたかというと、必ずしもそうはなっていません。権限のゲンについては、国が定める事業の基準である義務付け・枠付け等について一部見直しはなされたものの、まだまだ多くのことがらについて国が権限を握ったままです。財源のゲンの方は、2003年から2006年にかけて進められ

153

た三位一体の改革の中で地方への税源移譲が議論されましたが、各省庁の激しい抵抗にあい、結局十分な委譲はなされないままでした。その結果、未だに地方自治体は予算の３割程度しか自己収入がなく、残りの大半を国からの国庫支出金や地方交付税に頼るという「３割自治」の状態に据え置かれています。人間のゲンについても、自治体に与えられた力は十分とはいえません。自治体の厳しい予算状況の中で、地方公務員の数は1990年代半ばから2000年代にかけて減る一方となっています。にもかかわらず、地方分権の名の下に仕事だけはどんどん国から県、県から市町村へと移管されています。市町村はいまや、減少する一方の人員で、どんどん増大していく事務をこなさなければならなくなっているのです。

　これらのことに鑑みれば、日本における地方分権は未だに不十分であることが分かります。分権が、政策決定能力の委譲となっておらず、中央から地方への単なる仕事の押しつけになっている感が否めません。その結果、自治体は自分で自分のことを決めるだけの権限を持たないままに、仕事だけが増えて忙しくなっているのが現状なのです。

　仕事が増大していたとしても、お金が潤沢にあるのであれば、次々にハコ物をつくることで公共事業型のまちづくりを続けられるかもしれません。しかし、今や全国の自治体はいずれも財政難に苦しみ、行財政改革に取り組まなければならない状況にあります。

　バブル経済の崩壊以降、日本は長期にわたる景気の低迷に苦しみました。そのため、特に大企業の少ない地方においては税収が大きく落ち込み、自治体の収入も減少することになりました。普通の家庭であれば、収入が減ったのだから支出も減らす、ということになるかもしれませんが、行政はそうはいきません。多くの自治体で、低迷する地方経済をなんとか支えようと積極的な公共投資を繰り返してきました。行政が公共事業を行うことで経済を循環させ、なんとか地域を活性化させようと試みたわけですが、自治体の懸命の努力にもかかわらず、残念ながら地方経済は低迷したままでした。気がつくと経済の低迷は「失われた二十年」と呼ばれるほど長期にわたることにな

第 7 章　協働のまちづくりとは

り、その間に自治体の借金は大きく膨らみ財政は悪化の一途をたどることとなりました。今や、いずれの自治体も財政難にあえいでおり、以前のように住民の要望に応じて気軽にハコ物を建てることなど到底考えられない状況になっています。

　このように、かつてと今とでは自治体を取り巻く財政環境は大幅に変化しました。人員は増えない、仕事は増大する、財政も逼迫しているという環境においては、限られた資源を行政にしかできない、行政がやらなければならない仕事に集中させざるを得ません。住民がどんなに望んだとしても、公共事業型のまちづくりは最早続けることができない状況となっています。まちづくりの分野においては、行政の力が相対的に低下してきたと考えるべきでしょう。

　それでは住民の側はどうでしょうか。実は住民の方も昔とは様変わりしてきています。もちろん、「まちづくりは行政の仕事」と考えている昔ながらの住民も多いのですが、自分たち自身の持つ力に目覚め、自らまちづくり活動をはじめた人たちもたくさん生まれてきています。このように住民が変わってきた理由の一つは、昔と比べて人々の暮らしが変わってきたことにあります。このような変化は、「社会の成熟化」と呼んでいいでしょう。

　例をあげてみましょう。社会の成熟化の一つとして、まず「余暇時間の増大」ということがあげられます。かつては週 7 日のうちフルに休みなのは日曜日 1 日だけでした。多くの会社や官公庁、学校が土曜日も半日業務や授業を実施していたのです。人々の働き方についても、家庭や地域を顧みずに残業や休日出勤で働く人が「モーレツ社員」などといってもてはやされていたのです。しかし、今や時代が変わりました。現在ではほとんどの会社や学校で週休 2 日が当たり前になっています。また、かつては好意的に評価されていた残業の多さについても、今ではワーク・ライフ・バランスの観点や業務の効率化の観点から否定的な目で見られるようになりました。会社員であっても、仕事だけではなく私生活も充実させることが求められています。その結果、かつては起きている時間のほとんどを会社で過ごしていた人たちが、

155

地元で過ごし地域に目を向ける時間を持てるようになっているのです。

　社会の成熟化の二つ目は、「生涯学習」です。昔は、中学校や高校を卒業したらすぐに会社に入って働き始めるのが当たり前でした。必然的に、まちづくり活動で生かせるような実用的知識や、自己実現に役立つ趣味・特技、高等教育で得られるような専門的な知識などを持っていない住民が多かったわけです。しかし、そういう人たちが今、盛んに趣味の講座や大学での公開授業などに参加するようになっています。教育を子どもの頃に終わらせてしまうのではなく、生涯にわたって自分磨きを続けることが当たり前の世の中になっているのです。生涯学習に取り組むことによって知識を得たら、今度はそれを実際に実践してみたくなるでしょう。そのような人たちが、まちづくりに自らの力を生かしていくことで自己実現を図るようになっているのです。

　もう一つ、重要な社会の成熟化の流れに「高齢化」があげられるでしょう。こういうと、「高齢化は人口減少につながる重大な問題なのではないか」という疑問がわくかもしれません。しかし、人口減少につながるのは「少子化」の方であって高齢化の問題ではありません。平均寿命が長くなったから高齢化するわけであって、そのこと自体は非難されるべきものではないでしょう。誰だって、平均寿命が短く、長生きできずに若いうちに死んでしまうような社会には暮らしたくありません。そう考えれば、高齢化は人類の進歩が目指してきた方向性でもあります。そのこと自体を否定されるべきではないでしょう。

　現在、地域社会において高齢化が進んでいることは間違いありません。しかし、高齢化が進むということは、社会的弱者がどんどん増えていくということを意味するのでしょうか。実際の地域を見てみると、どうもそうではなさそうです。定年退職をされて地域に帰ってきた人たちは、高齢者とはいってもまだまだ元気で積極的に様々な活動をしています。また、自治会・町内会などで地域にとって重要なことを決定しているのも、明らかに若い人たちではなく高齢者です。そう考えてみると、地域においては高齢者は社会的弱

第 7 章　協働のまちづくりとは

者というよりもむしろ「社会的強者」であるといえるのではないでしょうか。

　このような前提に立ったうえでまちづくりについて考えてみると、高齢化という社会現象には別の側面が浮かび上がってきます。一言で言うと、「現代はまちづくりの担い手が地域社会にどんどん供給されている時代」であるということです。団塊の世代の大量退職などによって、地域には高齢者がどんどん増えています。これまで仕事中心で、起きている時間のほとんどを会社で過ごし地域にはほとんどいなかった「パートタイム住民」だった人たちが、退職して「フルタイム住民」になります。これらの方々の中には、以前教員だったとか、銀行で経理の仕事をしていたとか、法律事務所で働いていたなど、様々な専門的知識や経験を持っている人も多いでしょう。そしてその人たちが、地域の中で自己実現を求めて様々な活動を始めています。高齢化が進むということは、まちづくりで主力メンバーとして活躍できる人材が地域にどんどん増えているという見方もできるわけです。

　以上のような住民側の変化が「社会の成熟化」とよばれるものです。この社会の成熟化に伴い、民の側が持つ力は大きく向上しました。かつては住民一人ひとりの力は小さなもので、行政に依存せざるを得なかったかもしれません。しかし今や、住民たちが持つ力は行政に匹敵するくらい大きなものとなっているのです。

　行政がかつてまちづくりにおいて振るっていた力は、時代の変化の中で相対的に低下してきました。一方で、住民の側が持つ力は社会の成熟化により増大してきました。今や、まちづくりの担い手としての力は、行政も住民も変わらないくらいまでになったといっていいでしょう。このことが、二つ目の疑問である「なぜ行政と住民とが協働するようになったのか」ということの答えです。かつて公共を独占していた行政はその力を失い、本来行政がしなければいけないことに集中せざるを得なくなっています。一方の住民は、地域の中で行政に匹敵するくらいの潜在力を持つようになってきています。この両者が、地域のみんなに関わる「まちづくり」について、片方だけが取り組むよりも協働して取り組む方が効率的・相乗効果的であると気づき始め

157

たことが、協働の広まりにつながっているのではないでしょうか。

4. 協働のまちづくりに必要なもの

　協働を考えるうえでの最後の疑問は、公と民とが協働するためには何が必要なのかということです。公と民の協働と一口に言っても、自治体側はきちんとした行政組織があり、公務としてまちづくりに向き合うこととなります。一方の民の側には、地域住民のつくる団体である自治会・町内会であったり、NPO法人であったり、あるいは個人であったりと、規模も目的も異なる様々な主体があります。この両者が協働を行っていくうえで必要となるのはどのような考え方でしょうか。

　ここで最も重要となるのは、公と民との間の「対等性」の確保です。協働の言葉のところで示したとおり、協働とは対等な複数の主体間で成り立つものです。取組に関わる全ての主体がそのことを心に留めておかないと、協働は成立しないでしょう。もちろん、この対等性とは、同規模の予算であるとか人員数であるとかを意味するものではありません。規模の大小にかかわらず、お互いがお互いの意思を尊重し合う「意思決定主体」としての対等性と理解する必要があります。協働の取組においては、規模の大きな市役所が小規模なNPO法人や地域づくり団体の意見を軽んじたり侮ったりすることがあってはなりません。

　では、なぜ対等性が重要なのでしょうか。それを理解するために、もし両者の間に対等性が存在しなかったらどうなるかを考えてみることにしましょう。

　まず、自治体の側が住民に対して対等の意識を持っていなかった場合を想定してみます。ここで生じる可能性のある問題の一つ目は、政策形成段階における「形式的な協働」でしょう。これは、行政側が事業を進めるうえで、単に「住民の理解を得た」と言うお墨付きを得るためだけに協働を利用するというものです。この場合、行政は「住民に政策決定過程に参加してもら

第 7 章　協働のまちづくりとは

う」として地区説明会やパブリックコメントなどを行います。しかしながら、実際には住民からの意見の受け入れなど考えておらず、自分たちに都合のいい計画を、あたかも住民の意向に基づいて作成したかのように決定事項としていくことになります。このような形式的な協働は、行政の側が住民たちを一緒に政策を作り上げていく対等な主体と見なさず、自分たちの政策の正当性を確保するための手段と見なすことによって起こります。

　行政がこのように形だけの協働を行ったとしましょう。もしそれに参加する住民の側が、意識が高く自治体と一緒になってまちづくりを行っていこうという意欲に満ちている人々だった場合、どうなるでしょうか。住民は一生懸命に地域のことを考え様々な提案をするでしょう。しかし、それらの提案は行政にとっては余計なものでしかないため、様々な理由を付けては却下することとなります。行政に提案を受け入れるつもりがないということが分かってくると、協働に参加する住民は不満を持ち始めます。もともとの住民の意識が高ければ高いほど、行政に対する不満は大きくなるでしょう。やがては住民の反発により進むべき事業も頓挫することとなるかもしれません。形式的な協働を行うことで、かえって公と民とが対立することになってしまうのです。

　行政側における対等意識のない協働でのもう一つの問題点は、政策の執行段階で生じる「下請業者扱い」です。これは、行政が何らかの政策を民との協働で行う際、パートナーであるはずの住民やNPOを安価な労働力のように見なして使い立てしようとするというものです。先述のとおり、今や自治体はどこも財政難に苦しんでいます。様々な政策を展開する際にも予算の制約で事業が実施できないこともあるでしょう。そこで目を付けるのが、協働の取組を行う住民団体やNPO法人です。「業者に委託すると金がかかるが、住民やNPOならばボランティアで安上がりにやってもらえるだろう」などと協働をコスト削減策の一環として捉え、地域で活動する人たちを安価な行政の下請け業者扱いすることが、こういった問題を引き起こします。

　このような形で協働が行われた場合、公と民の関係は公共工事の発注者と

159

受注者のようになってしまいます。発注を担当する部局では、単に委託先が
これまでの請負業者から自治会・町内会やNPOに変わっただけという認識
に過ぎない場合も多いでしょう。その結果、これまでの請負業者に対する発
注と同様の詳細な作業方法や手順書などが定められ、その手続きに厳密に従
うことを強要したり、請負経験の無い人たちには到底作成することができな
いような事業完了報告書の作成を求めたりすることになってしまいます。

　本来、協働の取組は、自主・自律性を持つ対等な主体同士が相互交流する
ことで相乗効果が生み出されるはずのものです。しかし、行政側がパートナ
ーを下請業者扱いし、細かな手順まで定めてコントロールを及ぼそうとする
ならば、自主性や相乗効果が生まれるはずがありません。また、協働を行う
民の側も、行政に振り回されて疲弊し、やる気を失ってしまうでしょう。

　以上述べてきたような「形式的な協働」「下請業者扱い」などは、行政の
側に住民に対する対等性の認識が欠落しているために生じる問題点です。こ
のような問題が生じるのであれば、協働を行うことがかえってマイナスとな
ってしまいかねません。そのような状況を避けるためにも、行政は民の側の
各主体との対等性をしっかり認識し、協働が有効性を発揮するような政策展
開を心がけていかなければならないでしょう。

　では、民の側の場合はどうでしょうか。住民が行政に対する対等性を認識
していない場合、果たして協働は上手くいくのでしょうか。

　対等性の認識を持たない人たちは、行政をどのように見ているのでしょう。
「行政は偉い、何でもしてくれる」といったように、公を民よりも上の存在
であると見る傾向もあるでしょう。また、「行政は公僕なんだから住民のた
めに働いて当然だ」と、自分たちよりも下の存在であると見るような考え方
もあります。対等性の認識のない人たちを観察していると、どうもこの二つ
の意識を同時に持っているような気がします。行政に対して、「何でもして
くれる、また何でもしてくれて当然」とばかりに、自分たちよりも上であり、
かつ下であると考えているのではないでしょうか。いずれの見方をしている
場合であっても、行きつく先は「行政依存」です。お上意識のもとで、困っ

たときには行政が助けてくれると考えてしまうわけです。このような住民と行政とが協働を行うこととなった場合、どのような結果になるでしょうか。

　まずは住民側から働きかけがあったときのことを考えてみましょう。対等性の認識を持たない住民は、行政ならば何でもしてくれると考えがちになります。まちづくりに関しても、「うちの地域のまちづくりをしっかり考えてくれ」と様々な要望を投げかけることになるでしょう。先述のとおり、現在の行政には住民の要望を何でも適えてあげられるような余力は残されていません。限られた資源、限られた人員の中で、増える一方の仕事をこなしていかなければならないのです。しかし、行政依存型の住民にはそのことが理解できません。行政にも限界があるということ、自分たちの要望よりも優先してしなければならないことがあるかもしれないということを考えるためには、大前提として対等性の認識が必要となります。その認識がなければ、思いやりの心を持つこともできません。結果的に、自治体の側の苦労などお構いなしに行政依存し続けることで、自治体がどんどん疲弊していくことになります。

　今度は、自治体の側から協働の働きかけがあった場合を想定してみましょう。行政職員の方の意識が高く、率先して住民との協働を進めようと様々な取組が提案されたとします。対等性を持たない人たちにとっては、その提案は「仕事の押しつけ」にしか移りません。これまで全てを行政が行ってきたことがらについて住民にも関わるように勧めることは、行政の責任放棄であり住民への不当な仕事の押しつけである、というわけです。このような場合、行政が積極的に協働を進めようとしたとしても、パートナーとなるべき民の側がそれを拒否することとなります。そうなると行政職員の熱意は空回りすることとなり、結局以前のとおりまちづくりの取組に至るまで行政の丸抱えに逆戻りせざるを得ません。無論、行政に十分な余力はないわけですから、地域の衰退は進む一方となるでしょう。

　以上のことに鑑みれば、住民の側に対等性の意識が欠落している場合にも、協働は上手くいかないということが分かります。しかしながら、行政の力が

低下していく中でいつまでも住民が行政依存のままでいれば、気づいたとき
には衰退しきった地域だけが残されているでしょう。そのような事態を避け
るためにも、住民の側も行政との対等性の意識を持たなければいけません。
住民が行政を対等視するようになれば、行政の長所や短所、できることとそ
の限界も分かるようになるでしょう。行政がどうしてもできない部分につい
て、自分たちの方が上手くそれを担えるのであれば、自分たちが担えばいい
という意識を持つこともできるようになります。このような意識を持った住
民が地域に増えていけば、公と民との協働はより一層広がっていくことにな
るでしょう。

　以上、協働のまちづくりを進めるうえで最も重要となる「対等性」につい
て、行政と住民の双方の視点から考えてみました。協働を巡る議論において
は、ややもすれば住民の側の意識は不問に付され、行政側のみに意識改革や
新しい取組が求められることが多いようです。しかしながら、民の側は「無
辜の民」であって行政の側のみに責任を求めるような論調自体、対等性の認
識に欠けるところがあるのではないでしょうか。行政も住民も、共に相手に
対する対等性を認識し、お互いの足りないところを補い合い助け合ってこそ、
初めて協働のまちづくりは実現することができるようになるでしょう。

　地域におけるこれからのまちづくりにおいては、公と民との協働がますま
す重要性を増していくこととなります。少子高齢化、グローバル化、価値観
の多様化などにより、地域の抱える課題はその複雑さをます一方です。行政
だけの単独の力では、これらの課題を解決していくことは到底できません。
一方で、地域社会には、様々な専門的知識や経験を持ち自己実現を求める人
たちがたくさん増えています。これらの人たちの持っている個々の力を引き
出し、統合し、より大きなものとしていくための手段こそが協働なのです。
公と民の両者が対等な立場で協力し、共に汗をかき知恵を出し合って協働の
まちづくりを進めていくことこそが、自治の力をより強めていくことにつな
がっていくのは間違いないでしょう。

第8章 「地縁組織」から「近隣政府」へ
～市民統治の実現に向けて～

はじめに

近年、地方自治においては公と民との協働が中心的な理念となっています。多くの自治体で、「住民自治の推進」「市民参加」「協働のまちづくり」などが謳われ、行政が積極的に民の各主体と連携した取組を行っています。これらの協働の取組において、民の主体として中心的な活躍をしているのは多くの場合、NPO法人などの特定の目的を持つ団体です。また、地域の地縁に根ざしながらも、特定のテーマについて活動を行うことを目的としている組織も、しばしば協働の取組において注目されます。例えば、お祭りやイベントなどを行う地域づくり団体、防災の側面で自治体と連携している消防団や自主防災組織、趣味の集まりなどのサークル団体があげられるでしょう。

これらのNPO法人や地域づくり団体は協働の取組において注目されがちですが、地域にはもう一つ、地縁に基づいてはいるけれど特定の目的を持たない組織があります。それは、地元に居住する各世帯によって構成されている自治会・町内会などの組織です。これらの組織は、はるか昔から地域に存在し、自治体の行政の末端組織として、あるいは地域代表として、区域内のあらゆる雑多な活動を引き受ける存在でした。先ほど「特定の目的を持たない」という表現をしましたが、それはこれらの組織が何もしないということではなく、逆に「地域の課題の全てに関わっている」という意味で捉えた方がいいでしょう。以下、このような組織のことを「地縁組織」と呼ぶことにしましょう。

この地縁組織については、昔から地域に存在しているということもあり、協働の取組で注目されることは多くはありませんでした。また、どちらかといえば「旧来型」であり、「衰退している」と捉える向きも多いでしょう。しかしながら、これからの自治行政が目指すべき方向の「協治社会」の実現においては、この地縁組織が果たすべき役割はたいへん大きなものなのです。そのことに多くの自治体は、また、当の地縁組織自身も、あまり気づいてい

第8章 「地縁組織」から「近隣政府」へ

ないようです。

　そこで、この地縁組織とはそもそも何か、NPOなどとどのように違うのかについて整理しましょう。そのうえで、町内会や自治会などが持つ重要な役割とその意義について、改めて考えてみたいと思います。

1．NPO法人と自治会・町内会

　現在、様々な自治体において、これまで行政が担ってきた公共サービスについて、民の主体とも連携して提供する取組がなされるようになってきています。特にまちづくりや福祉の分野において、「新たな公共」「パートナーシップ」などのキーワードのもと、協働が積極的に行われています。今や、地域づくり団体・ボランティア・NPO法人などについても、行政と並列される公共サービスの担い手（協働生産者）であると認識されるようになってきているといっていいでしょう。

　これらの主体の中でも特に注目されているのは、特定非営利活動法人、いわゆる「NPO法人」の活躍です。このNPO法人は、1995年に発生した阪神淡路大震災誕生をきっかけに誕生しました。阪神淡路大震災以前にも公共的な活動を行う法人として社団法人や財団法人などの制度がありましたが、これらの法人は設立のためのハードルが高いうえに活動の制限も多く、住民有志が活動する際に簡単にその制度を利用できるものではありませんでした。そのような状況の中で、1995年に阪神淡路大震災が発生しました。人口密集地域を襲ったこの大災害の際、行政の活動の限界が露わになる中で、大きな力を発揮したのが民間のボランティアの活躍でした。このような民の力をもっといかしていけるような制度をつくろうと、従来よりも簡易な形で公益的な法人をつくることを可能とすべく、超党派の国会議員による議員立法として1998年に成立したのがNPO法（特定非営利活動促進法）です。

　このNPO法の施行以降、NPO法人の登録数は全国で急速にその数を増やしていきました。2016年度末現在、都道府県や政令指定都市に認証された

165

図8－1　NPO法人数推移

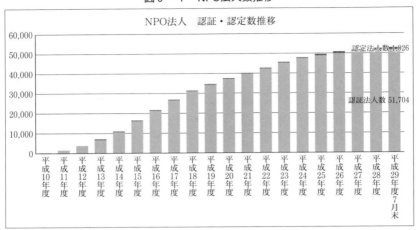

（出典：内閣府NPOホームページ）

NPO法人の数は51,000以上に上っています。

　これほどの数のNPO法人が、それぞれの得意分野において全国で公益的な活動に従事しているわけです。これらのNPO法人は、そもそもの活動目的が非営利・公益目的であるため、行政とも連携しやすいことから、自治体が行う協働の取組のカウンターパートとしても重要な役割を果たすようになっています。特に、福祉や防災などの分野においては、今やNPOの活躍無しでは行政の施策展開も考えられません。NPO法人は、民の主体でありながら、行政と協働して地域の公共サービスを提供する主役の一人となっているのです。

　しかしながら、地域で公共サービスの維持に取り組んでいるのはNPOだけではありません。NPO法人よりもはるか以前から、地域社会における公共を支えてきた自治会や町内会などの組織も存在します。これらの組織は、「地縁」に根ざしており、エリアごとにその地域に居住する世帯を構成員として、区域内の公共サービスを担ってきました。およそ日本全国、どの市町村においても、自治会、町内会ないし町会、区会、あるいは単に区と呼ばれる住民の自治組織が存在しています。これらの組織は、以前からそのエリア

第8章 「地縁組織」から「近隣政府」へ

における自治体の行政機能を補完する存在として、また、行政の相談相手や協議先として、自治行政の一端を担ってきた歴史を持っています。しかしながら、特に都市部においては、公と民との協働を語るときに、これらの地縁組織が注目されることはあまり多くないようです。昔から地域において重要な役割を果たしてきたはずなのに、なぜそうなるのでしょう。

　また、近年では、これら地縁組織の加入率の低下や活動への参加者の減少、活動の担い手の不足など、その活動の停滞も全国的に問題視されています。例えば、総務省が2009年に出した「新しいコミュニティのあり方に関する研究会報告書」では、町内会や自治会などの組織においては、加入率の低下や担い手不足、活動の停滞等の問題が生じつつあると指摘されています。同様に、国土交通省が2011年〜2012年に出した「都市型コミュニティのあり方と新たなまちづくり政策研究会報告書」では、町内会等の加入率が年々減少していること、特に都心部で加入率が低い傾向にあることなどがあげられ、これら旧来の地縁組織以外の組織の活動に期待がかけられているところです。

　さらに最近では、地域課題を解決するための機関として、「地域運営組織」という考え方が強く打ち出されています。これは、概ね小学校区単位を対象に、地域で活動する様々な主体によって構成される組織、またはその協議の場が想定されているようです。国においても継続的に地域運営組織に関する研究会が開催されており、地域課題の解決に当たって地縁組織以外の新しい組織に期待が集まっていることが分かります。⁽¹⁾

　以上の報告書の動向を鑑みると、どうも自治会・町内会などの地縁組織は「旧来型」であり、「停滞している」「あまり期待できない」という認識が一般的であるようです。

　では、我々は本章でいう地縁組織としての自治会や町内会などをどのように捉えるべきなのでしょうか。地縁組織の持っている機能とは、それらの衰退に伴って消失してしまっても地域の公共にとって特段影響がないようなものなのでしょうか。自治会や町内会がなくなったとしても、その機能はNPO法人やまちづくり団体などによって代替できるのでしょうか。そもそ

も地縁組織が果たしている、また、果たすべき機能とはどのようなものなのでしょうか。実は、自治会や町内会などの地縁に根ざした組織には、NPO法人などの特定の機能を目的とした組織が持ちえないような非常に重要な特長があります。そのため、地縁組織の衰退は、そのまま地域の弱体化につながることとなるおそれもあります。現在、危機的な状況にあるとされる地縁組織の重要性について再認識し、その活動の活性化を図っていくことは、大変重要な意味合いを持っているのです。しかし、多くの人々はあまりそのことに気がついていないようです。

2．コミュニティという言葉

　地縁組織について考える前に、まずはよく使われている「コミュニティ」という言葉について考えてみましょう。地縁組織の活動や住民によるまちづくりを語るうえで、非常にしばしばコミュニティという表現が利用されますが、この言葉はどのような意味合いを持つのでしょうか。

　コミュニティという言葉は、1969年の国民生活審議会の報告書『コミュニティ—生活の場における人間性の回復—』と、それに基づき国が進めた「コミュニティ政策」、その過程で全国に多数つくられた「コミュニティセンター」などの影響により、すっかり一般的になりました。現在では、この言葉は「地域における一定のエリアの人間関係」を指して使われたり、あるいは「自治会や町内会などの地縁組織」を指して使われていたりします。このように、文脈によって色々な意味合いを与えられている「コミュニティ」とは、一体どのような概念なのでしょうか。

　地域社会においては、様々な主体が地域における公共を担って活動しています。これらの主体の一方の極には自治体の行政組織がいます。そいて、その反対側の極には個人・世帯がいます。そしてその両方の極の中間に、自治会・町内会などの地縁に基づく組織や、NPO法人などの特定の機能を果たすための組織など、様々な主体が存在しています。このような社会集団を区

分し、類型化するために一般的に利用されているものとして、R. M. マッキーヴァーによる「コミュニティ」と「アソシエーション」の区分があげられるでしょう。マッキーヴァーはこの区分において、コミュニティを「共同生活が営まれる領域」であるとしました。そして、その領域の内部に、「特定の目的のために意図的・計画的につくられた集団」としてのアソシエーションが存在するとしています。このマッキーヴァーの区分によれば、コミュニティとは一定の「エリア」のことであり、その中につくられている「組織」がアソシエーションということになります。

　このマッキーヴァーによるコミュニティの説明は、よく言及されますが、しかし日本において一般的に理解されているコミュニティの用語の意味合いとはやや異なっているようです。先述の1969年の国民生活審議会の報告書においては、コミュニティを「生活の場において、市民としての自主性と責任を自覚した個人および家庭を構成主体として、地域性と各種の共通目標をもった、開放的でしかも構成員相互に信頼感のある集団」であると定義しています。この定義では、コミュニティはエリアではなく集団として位置づけられています。日本においては、「コミュニティ」イコール「集団」として捉えるという、こちらの定義の方が広く浸透しているといっていいでしょう。この用法が広まったため、特定地域において特定の目的を果たすためにつくられた集団を「テーマ型コミュニティ」と呼んだりするなど、コミュニティという言葉はすっかり集団を指すものとして認知されるようになりました。実際にこの言葉が使用される場合には、地縁により結びついた集団についてコミュニティと呼ぶことが多いようです。そして、その大半の場合において、自治会や町内会などの地縁組織と同一のエリア、同一の集団がイメージされています。自治の現場においては、コミュニティと地縁組織とがあまり区別されずに使われているといっていいでしょう。

　しかしながら、このような認識が最初から今のとおりであったわけではありません。実は、日本でこの「コミュニティ」という言葉が使われ出した当時は、あきらかに自治会や町内会などの既存の地縁組織とは別のものを指し

て使用されていたのです。1969年に国民生活審議会の報告書が出された後、この提言に基づいて自治省（現在の総務省）がコミュニティ政策を推進しました。70年代以降、全国各地に概ね小学校区を範囲とするモデル・コミュニティ地区が設定され、コミュニティ整備計画が策定されました。また、その整備計画に基づいて、コミュニティセンターなどのコミュニティの活動拠点が設置されました。現在、全国各地に見られるコミュニティセンターなどの施設は、このような一連のコミュニティ政策に基づいて設置されていったわけです。ところが、このときのコミュニティ政策は、自治会や町内会などの地縁組織の存在を完全に無視する形で進められていました。というのも、そもそもコミュニティという言葉が出てきた理由自体が、既存の自治会・町内会を時代遅れの存在であるとして否定したうえで、「コミュニティ」という名前でもう一度新しい地縁組織を作り直そうという意図で持ち出されてきたものだったからです。これは、戦時中の自治会・町内会が行政の末端組織として位置づけられ、戦後GHQから解散命令が出されるような存在だったことも一因でしょう。そのため、全国で推進されたコミュニティ政策においては、自治会や町内会に対する配慮は完全に抜け落ちていました。同政策を推進するために新たにつくられた「コミュニティ協議会」や「まちづくり委員会」などの住民組織は、既存の地縁組織を代替する団体として意図的に作られたものだったわけです。

　ところが皮肉なことに、コミュニティ政策を推進するために設置された協議会や委員会等において、実際にその構成員として中心的な役割を果たしていたのは、自治会や町内会などの既存の地縁組織でした。また、大きな予算を投じて進められた様々な政策においても、地域において現実にその担い手となったのは町内会等だったのです。コミュニティ政策のような地域の世帯全体に関わる取組については、結局のところ、その受け皿は自治会や町内会などの既存の地縁組織しかなかったということでしょう。

　その後、1990年代までにコミュニティと地縁組織の概念は徐々に収斂していきました。現在では、コミュニティ政策の主な担い手が自治会や町内会で

第 8 章 「地縁組織」から「近隣政府」へ

あることは当然と考えられています。また、私たちが一般に「コミュニティ」と表現するときも、そのイメージの重要な部分を明らかに自治会や町内会が占めています。かつて否定されるべき古いものとして捉えられ、コミュニティという言葉で「上書き」されようとしていた地縁組織は、時を経て未だに健在であり、コミュニティ概念の中心を占めるようになっています。そのこと自体が、地域における地縁組織の重要性を雄弁に物語っているのではないでしょうか。

3．地縁組織の持つ機能

自治会や町内会などの地縁組織については、これまでにも様々な研究が行われてきています。それらの研究において「地縁組織の特徴」といわれているものについて、共通する点を抽出して大まかに区分すると、概ね以下のとおりとなるでしょう。

①全世帯加入性
　　１）世帯単位での加入
　　２）全世帯の自動加入
②サービスの全体性
　　１）包括的機能
　　２）行政補完（媒介）機能
③地域代表性
　　１）排他的地域独占
　　２）第三者に対する地域代表

①の「全世帯加入性」は、地縁組織の大きな特徴です。さらに、その加入形式は、①の１）に示したような「世帯単位での加入」となります。自治会や町内会などを構成するメンバーは、基本的に個人の資格としてではなく、その地域に在住する世帯として加入します。例えば、加入者名簿には世

171

帯主である男性の名前が記載されていて、会合には奥さんが出席したとして
も、他の人たちは別に違和感を覚えたりはしないでしょう（これがNPO法
人やまちづくり団体等との大きな違いです）。また、様々な活動に参加する
場合にも、世帯の規模にかかわらず、世帯のうち誰か一人が参加しさえすれ
ばその世帯は「参加済み」ということになります。このように理解されるの
は、地縁世帯への加入が個人単位ではなく世帯単位であるためです。

　また、①の2）に示すように、基本的に全世帯が加入対象であると考えら
れています。このような特徴は、NPO法人や地域づくり団体には存在しま
せん。地縁組織への参加の仕方については、建前としては任意加入ですが、
実際には全世帯加入が前提とされています。だからこそ、他の類型では見ら
れない「加入率の低下」という言葉が出てくるわけです。

　二つ目の特徴として、②の「サービスの全体性」ということがあげられま
す。内閣府が発行していた『国民生活白書』の平成19年版において、地縁組
織に関連する調査結果が載っていましたが、そこで示された地縁組織の活動
は、極めて広範囲に渡る包括的なものでした。例えば、区域の環境美化・
清掃・リサイクル活動（93.5％が回答、以下同じ。）、住民相互の連絡（93.3
％）、お祭り等のイベント開催（87.5％）、広報誌の回付等の行政からの連絡
（84.8％）、防災活動・地域の安全確保（84.2％）などが地縁組織の活動内容
としてあげられています。地縁組織の活動が非常に多岐にわたっており、②
の1）にあげたような「包括的機能」を果たしていることが見て取れるでし
ょう。

　地縁組織の活動内容でもう一つ特徴的なのは、②の2）の「行政の末端補
完機能」です。上記の国民生活白書においてあげられた様々な活動のうち、
広報誌の回付等の行政からの連絡（84.8％）の他にも、集会施設や街路灯
等の計画づくり・維持管理（76.7％）、行政機関・議会に対する要望・陳情
（71.0％）、地区計画等への策定への参加（14.6％）など、自治体の施策と関
わる部分が非常に大きな割合を占めています。

　③の「地域代表性」については、自治体を始めとする第三者の目から見て、

172

第8章 「地縁組織」から「近隣政府」へ

地縁組織こそが地域代表であると認識される、というものです。③の１）に記載しているとおり、地縁組織は基本的にその地域を独占しています。通常は、一つの区域内に同種の地縁組織は一つしか存在せず、その区域が相互に重なり合うこともなく、その間に空白となる地域も存在しません。これが、地縁組織の特徴としての「排他的地域独占」です。構成メンバーが特定の階層である老人会や子ども会などは、地域の実情に応じて存在しない場合もあるでしょうが、全世帯を対象とした最も基礎的な地縁組織である自治会・町内会等については、全国にあまねく存在しています。当該区域に一つしか存在せず、競合相手が無いという特徴に、前述の全世帯加入性、サービスの全体性などの特徴が加わることで、地域における地縁組織の存在は唯一無二のものとなります。地縁組織を上回る加入率を持ち、それを代替できるような組織は、通常は存在しません。その結果、市町村がある区域内の住民の意見を聞きたい、集約したいという場合、必然的に地縁組織がそのカウンターパートとして選ばれることになります。これが、③の２）の「第三者に対する地域代表」という言葉の意味となります。地域には、立場も違えば考え方も異なる人がたくさん住んでいますが、地縁組織がその地域の住民を準代表して、準正当に意思を伝達する機能を持つことになるのです。

　以上にあげた、「全世帯加入性」「サービスの全体性」「地域代表性」の３つは、地縁組織しか持っていない特徴です。NPO法人も地域づくり団体も、このような特徴は持ち得ないでしょう。

4．地縁組織から近隣政府へ

　「全世帯加入性」「サービスの全体性」「地域代表性」という地縁組織の３つの特徴は、どのような意味合いを持つのでしょうか。それを考えることで、地縁組織の活動の本当の意義と、それが将来目指すべき方向性が分かります。

　地域には、上にあげた３つの特徴を併せ持つ組織がもう一つだけありますが、何だかお分かりでしょうか。それはすなわち、市町村そのものです。全

173

世帯が加入しており、提供しているサービスが包括的であり、地域を代表する機能を持つという地縁組織の特徴は、まさしく自治体の特徴でもあるわけです。換言すれば、自治会や町内会などの地縁組織は、コミュニティを運営する「ミニ自治体」の機能を果たしているともいえるのです。

　自治という言葉が「自ら治める」ということを意味する以上、自治の究極の主体は住民ということになります。住民一人ひとりが自治について考えていくためには、住民に最も身近な地域コミュニティもまた力をつけていかなければいけません。そのためにも、地縁組織が果たしている「ミニ自治体」としての機能をより一層高めて行く必要があるでしょう。実際、明治初期においては、地縁組織は一種の小規模自治団体でした。現在は行政が担当すべき業務であると考えられている教育、土木・建設、衛生、清掃などの事業についても、自分たちで費用や労力を出しあって処理していたのです。地縁組

図8－2　市民参加の階梯

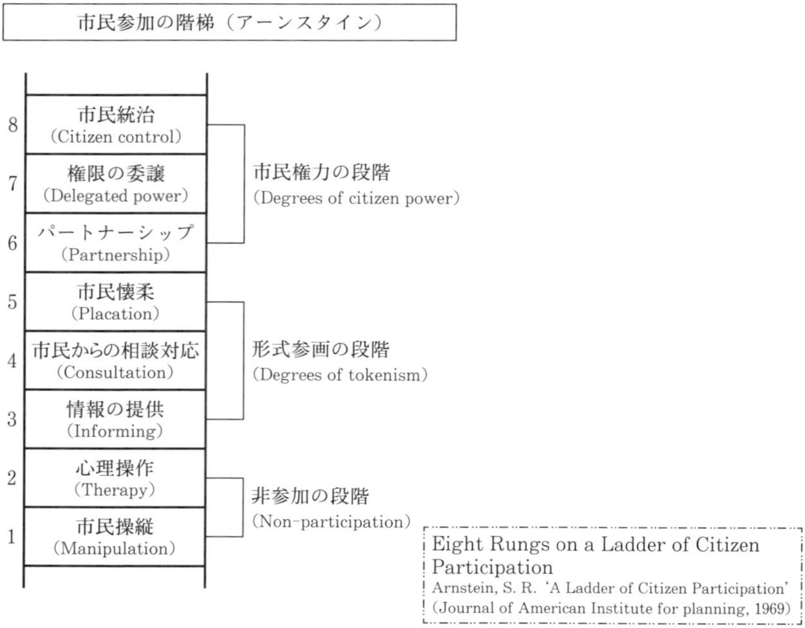

市民参加の階梯（アーンスタイン）

8	市民統治 (Citizen control)	市民権力の段階 (Degrees of citizen power)
7	権限の委譲 (Delegated power)	
6	パートナーシップ (Partnership)	
5	市民懐柔 (Placation)	形式参画の段階 (Degrees of tokenism)
4	市民からの相談対応 (Consultation)	
3	情報の提供 (Informing)	
2	心理操作 (Therapy)	非参加の段階 (Non-participation)
1	市民操縦 (Manipulation)	

Eight Rungs on a Ladder of Citizen Participation
Arnstein, S. R. 'A Ladder of Citizen Participation'
(Journal of American Institute for planning, 1969)

織を国家や自治体に類似した最小規模の準自治体として捉えれば、地縁組織がなぜ排他的地域独占という特徴を持つのかも説明できるでしょう。地縁組織が持つ意義や重要性は、まさにこの「ミニ自治体」という部分にあるのではないでしょうか。

　社会学者のＳ．アーンスタインは、住民が公的領域に関わりながら次第にレベルアップしていくというイメージをはしご段を登ることに見立て、「市民参加の階梯」という概念を提唱しました（図８－２参照）。このはしご段の最下層から２段までは、行政側が住民を操るという段階です。この部分は、「非参加の段階」と呼ばれています。その段を過ぎて中層まで登ると、情報提供や相談対応など、次第に行政から住民へのアプローチが増えてきます。この中層の３段は「形式参加の段階」となります。更に市民参加がステップアップして、最上部の方まで来ると、もう行政は住民を軽視することなく対等なパートナーと認めるようになります。これが「市民権力の段階」となります。

　このアーンスタインの市民参加の階梯において、はしご段の最上段に位置しているのは「市民統治」のステージです。市民の側がここまで成長するのであれば、もはや地域課題の解決については地域に任せることができるようになり、行政は行政でなければできないこと、地域の力に限界があり行政が取り組んだ方が効率的なことに集中することができるようになります。その結果、市民の意思に基づく自治が行われるという「民主性」と、行政活動がますます効率化するという「効率性」という、従来はトレードオフとして捉えられてきた２つの方向性が、同時に実現できるようになるでしょう。

　この「市民統治」を実現するためには、地域の自治を担い、行政と対等なパートナーになりうる主体として、「近隣政府（ネイバーフッド・ガバメント）」が求められることになります。地域コミュニティの中にあって、地域住民の意思を統合し、自分たちの責任と判断により、自分たちで課題を解決していくことができる自律した意思決定主体が生まれるならば、それこそが近隣政府と呼ばれる存在となるでしょう。残念ながら、現在のところ、地域

175

社会にこのような主体は存在しているとはいえません。しかし、もし今後我が国においてこのような近隣政府と呼べるような主体が誕生するとすれば、その「母体」となり得るのは既存の地縁組織しかないのです。

先述のとおり、明治初期の地縁組織には、近隣政府と呼べるような内実も備わっていました。その後、福祉国家化の進展の中で次第に行政活動が高度化・専門化したことにより、自治行政の機能は地縁組織の手から離れていきましたが、しかしなお、地縁組織はミニ自治体の機能といえるような全世帯加入性、サービスの全体性、地域代表性という特徴を維持し続けています。近い将来、真の協治社会を実現させ、住民主体の自治をより一層発展させていくに当たり、地域コミュニティにおける民の力の「焦点」となるべき主体が必要とされるときが来るでしょう。そして、その役割は、NPO法人や地域づくり団体では果たすことができません。その役割を果たし、近隣政府を構成する核となっていくことが可能な唯一の組織であること、それこそが、地縁組織の持つ重要性の本質なのです。

もちろん、いま存在している地縁組織が簡単に近隣政府と呼べるような自律した主体になりうるかといえば、まだまだハードルは高いでしょう。現実問題として、自治会や町内会の多くは担い手不足や活動の停滞、都市部における加入率の低下という問題を抱えています。また、会費の徴収や運営方針を巡って対立したり、旧態依然とした運営に反発して地縁組織からの脱退を求めるような事例も起きています。地縁組織への加入をめぐる裁判において、加入自体は任意であるという判断がなされており（2005年4月26日最高裁第3小法廷判決）、先ほど地縁組織の特徴として述べた「全世帯加入性」という点についても揺らぎが生じていることとなります。

もう一つ、地縁組織の持つ地域代表性についての「正当性」に関する議論もあり得るでしょう。地縁組織と市町村は、その特徴においては確かに似通っているといえます。しかし、市町村の方は、その役割が法律によって定められており、さらに首長や議員を公選職とすることで、住民代表としての正当性が完全に確保されています。一方、地縁組織の方は加入自体が任意であ

第 8 章 「地縁組織」から「近隣政府」へ

るため、加入率があまりにも低い地域ではその地域代表性が揺らぐことになります。また、仮に加入率が高かったとしても、自治会長や町内会長をはじめとする役員が住民による選挙で選ばれているわけではないという点で、やはり地域代表としての正当性が担保されているとかどうか疑問符がつくでしょう。[2]

　地縁組織を通して近隣政府論を論じるに当たっては、確かにこれらの隘路も存在します。しかし一方で、それを代替できるほどの組織が他に存在していないということもまた事実でしょう。公と民による協働を推し進め協治社会を実現していくためには、民の力の拠点となるような近隣政府の実現もまた、追求していく必要があります。現在の地縁組織が近隣政府に求められる機能を果たしていないとするならば、必要なのはその改革を進め、真にその実を上げられるようにすることでしょう。このような視点を欠いたまま、住民を地縁組織から「解放」しようとしたり、地縁組織を他の組織と同列に扱おうとすることは、かえって地域住民の拠り所をなくし、孤立化、分断化を進めてしまいます。それは、住民主体の自治の弱体化にもつながることとなるでしょう。

　いま必要なのは、「近隣政府」のビジョンを視野に入れたうえでの既存の地縁組織の再興です。そのためには、まずは現在の地縁組織を構成するメンバーである地域住民一人ひとりが地縁組織の意義と役割を再認識し、役員も一般の住民も一緒になって、将来を見据えた地縁組織のあり方を議論していく必要があるでしょう。このように住民の側の意識を変えていくことが、地縁組織と住民間の、さらには行政と地縁組織との関係の再構築にもつながっていくこととなります。

　懸案となる近隣政府の正当性の確保については、近隣政府論の主唱者であるM．コトラーの「近隣法人（ネイバーフッド・コーポレーション）」概念が参考となるかもしれません（Kotler, M. "Neighborhood Government; The Local Foundations of Political Life", Bobbs-Merrill, 1969）。近隣政府への移行に先立って、「近隣法人」という形で地縁組織を法人化したうえ

で、住民との間の契約行為として様々な公的サービスに取り組んでいくという方法も考えられるでしょう。このような手法であれば、契約行為として正当性も確保することができます。地縁組織の活動を「見える化」し、自分たちが支払う会費がどのように地域にいかされているかを明らかにすることで、住民と地縁組織との適切な関係を築くことも可能となるでしょう。このような近隣法人という考え方は、かつて地縁組織が任意団体という形しか取れなかったときは、現実的ではありませんでした。しかし、現在は地方自治法の改正により地縁組織も「認可地縁団体」という法人格を取得することもできるようになっています。さらに、島根県雲南市を事務局とする「小規模多機能自治推進ネットワーク会議」が提唱する「小規模多機能自治組織」や、総務省が構想している「地域自治組織」など、新たな地縁型の法人制度の検討も進んでいます。このような制度的手法についても、「近隣政府の実現」という目標に向けて活用が考えられるでしょう。

　公と民との協働を語るに当たって、自治会や町内会などの地縁組織は、NPO法人やボランティア団体などの陰に隠れて、あまり注目されることはありません。しかしながら、地縁組織の持つ「全世帯加入性」「サービスの全体性」「地域代表性」という3つの特徴は、彼らこそが来たるべき協治社会において、地域の自治を担う主役の一人である近隣政府となり得ることを示しています。これからの地縁組織を考えるに当たっては、この「近隣政府」というビジョンをしっかりと持ったうえで、その実現に向けて一歩ずつ近づいていくための取組を進めていかなければならないのではないでしょうか。

【注】

（1）総務省では2013年から継続的に地域運営組織に関する研究会を開催している。地域運営組織は地域の各主体の協議の場としての協働の機能と、その協議に基づいて地域経営を行う実行の機能のいずれか、または両方を持つとされる。その概念はやや漠然としているが、概ね小学校区単位で設置され自治会・町内会や当該エリアで活動するNPO法人等によって構成される「まちづくり協議会」などがイメージできる。自治会・町内会等の地縁組織は当然にその構成員として認識されているものの、他の構成員と同列同格の一メンバーという扱いである。

第 8 章 「地縁組織」から「近隣政府」へ

（2）2017年7月の総務省「地域自治組織のあり方に関する研究会報告書」におい
ては、地域運営組織に一定の地域代表性を付与する方策として条例による指定を
あげ、事例として幾つかの自治体の自治基本条例を示している。同報告書26-27
頁及び71頁以降参照。

第9章 「地方公共団体」から 「地方政府」へ

〜自律的意思決定主体としての自治体を目指して〜

はじめに

　本書では、都道府県や市町村などの行政組織を「地方自治体」あるいは「自治体」と呼んでいます。しかし、実はこの呼び方は正式なものではありません。これらの組織は、正式な法律用語では「地方公共団体」と呼ばれます。憲法の第92条には、「地方公共団体の組織及び運営に関する事項は、地方自治の本旨に基いて、法律でこれを定める。」（下線部筆者）と書いてあります。そして、それを受けて、地方自治法が地方公共団体の組織について詳しく規定しています。

　団体は、広義の意味合いでは「同じ目的を達成するために意識的に結合した集団」（大辞林）を指します。ただし、組織一般としては、営利目的で運営されるものを「企業」、どちらかといえば非営利なものを「団体」と呼ぶことが多いようです。社会には様々な組織としての団体があり、それぞれが各々の目的に応じた事業を行っています。

　自治体も、非営利な目的で運営される集団ですし、なにより呼び名が「地方公共団体」ですので、分類的にはこの「団体」に含まれそうなものです。しかし一般的には、自治体は組織としての団体とは区別されているようです。例えば、「団体職員」といった場合、財団法人や第3セクター、農協などの職員を連想することはあっても、明らかに自治体職員はその中に含まれていません。おそらくその理由の一つは、自治体の組織としての特殊性にあるのでしょう。自治体の担当している仕事は、非常に包括的かつ広範な公益的業務であるため、その活動の財源は住民からの税金によってまかなわれています。また、自治体の執行機関の長や、審議機関のメンバーの議員も、組織内部の職員が昇進してなるのではなく、住民によって選挙で選ばれています。このような特徴は、普通の企業や団体の組織というよりも、政府に近いものです。ですから本質的には、自治体は地方公共団体ではなく「地方政府」と呼ぶべきものでしょう。

第 9 章 「地方公共団体」から「地方政府」へ

　しかしながら、国の立場から見た場合、自治体はあくまで「団体」であり、「政府」ではありません。政府という概念には、自主性を持ち自己の責任で意思決定を行うという、自立した主体のイメージがあります。自治体を地方政府と捉えた場合、国とも対等な立場で意見交換し、自らの地域のことを自ら決定していくという自立した自治体像があらわれます。それはおそらく、国にとっては面白くないことでしょう。日本においては国が唯一の「政府」であり、自治体はあくまでもその他の団体と並列の「地方公共団体」であるとした方が、国にとって都合がいいからです。

　しかし、このような考え方を続けていては、いつまでたっても自治体は一人歩きすることができない幼児のような状態のままに押しとどめられてしまうことになります。自治体が国に頼らず、自らの足で歩き始めるためには、この考え方を根本から改めなければいけません。変化する社会の中で自治体が自らの意思で地域を経営していくためには、「地方公共団体」から「地方政府」へと成長していくことが必要不可欠となるのです。そのことを踏まえて、地方政府の実現を目指していくために自治体職員にとって必要となるものは何かについて、考えてみることとしましょう。

1．自治行政における住民と自治体との関係

　地方政府について論じるに当たって、まずは自治行政における住民と自治体との関係をどのように捉えるべきかについて考えておきましょう。

　これまで本書においては何度も、一人ひとりの住民こそが自治の究極の主体であるということを述べてきました。その地域に暮らす人びとが、地域の課題をなるべく地域に近いところで、自らの意思と責任に基づいて解決していこうと協働していくこと、それこそが自治の始まりということになります。この理屈は、マクロレベルで総体としての住民について考えた場合、全く正しいのですが、しかしながら、一人ひとりの住民というミクロレベルで考えてみると、やや事情が異なってきます。人は皆、自分が生きていくため、あ

183

るいは家族を養っていくために仕事をしなければなりません。自治ということを常に「意識する」ことは誰にでもできますし、またしなければならないことですが、それを超えてさらに実際の自治に四六時中携わることができるという人は限られているでしょう。公共サービスの提供に必要な計画を立て、資金を集め、広いエリアで合意形成を進めていくということは、仕事の片手間で行うわけにはいきません。

　このような事態に対処していくために、人びとは「組織」をつくります。自治行政を仕事として専門に行うスタッフを雇い、分業体制を整え、互いの活動の統合・調整を行う仕組みを整えます。さらに、その組織に対して民主的統制を効かせるため、その組織の長については自分たちの中から選挙で選ぶこととします。このようにして出来上がった「自治行政を専門に行う組織」が自治体なのです。

　自治体組織についてこのように観念するならば、住民と自治体双方が自治に携わるうえでの心構えも理解しやすくなります。住民の側は、本来自分ごとであるはずの自治について、どうしても全てを自分で処理することはできないので、専門家を雇って実務を担当させます。しかしながら、専門家に担当させているとはいえ、本来は自分たちに関わることですから、任せっきりにして忘れ去ってしまっていいということにはならないでしょう。もしこれが自宅を建築するということならば、工事を建設会社に頼んだ人が一切を会社に任せて建築過程に全くタッチせず、平屋ができるのか二階建てができるのか、費用が幾らかかるのかも分からない、などということがあり得るでしょうか。自治についてもそれと同じことが言えます。住民は、もともと自分たちに関わることである自治行政について、必要な部分については口を出し、手を貸し、専門家たちと一緒に考えていくのが当たり前でしょう。

　自治体の側はといえば、そもそも自治行政を担当する専門家として人びとから負託を受け、それを権原として自治にかかる公権力を行使することになります。いわば、住民が依頼人（プリンシパル）で、自治体が代理人（エージェント）であると考えることができます。代理人はややもすれば、自分た

184

第 9 章 「地方公共団体」から「地方政府」へ

ちの論理、自分たちの都合によって、依頼人の利益よりも自分自身のために動いてしまうことがあります。しかしながら、通常の代理人と自治体職員の違いは、自分たちもまた（依頼人である）地域住民の一人だということです。自分が住民のことを無視して行った仕事の結果、住民に不利益が生じた場合には、自分もまた被害を被ることとなるのです。それを考えれば、自治体の側は、自分たちが誰のために、何のために働いているかを常に思い出す必要があるといえるでしょう。

　このような住民と自治体組織との関係は、NPO法人（特定非営利活動法人）によく似ています。NPO法人は、営利を目的とせず、特定の公益的活動を行う法人です。NPO法人は、その目的に賛同して入会した会員によって構成されており、これらの会員からの会費によって様々な公益目的の事業を行います。しかしながら、様々な事業を行うためにはきちんと事務処理を行うスタッフが必要でしょう。そのために、NPOは事務局を設置しスタッフを雇用することになります。

　このNPO法人の例を、自治体の場合に当てはめてみましょう。自治体はもちろん、営利を目的とせずに公益的活動を行う法人です。その会員は地域住民であり、自治体は会員たる住民からの会費として税金を集め、それをもとに自治行政にかかる事業を行います。そのために必要となる事務局が自治体の行政組織で、そのスタッフが公務員というわけです。このようにNPOを例として考えてみれば、自治体と住民との関係性も分かりやすいのではないでしょうか。

　NPO法人の場合は、人びとはその趣旨に賛同して入会することで、能動的に会員になります。そのため、会員は常にNPOの活動について気にかけ、できる限りの支援を行うでしょう。一方、自治体の場合は、住民はそこにすんでいるだけで自動的に会員となるという「受動的入会制度」のため、どうしても意識が希薄になりがちです。しかしながら、自治体の行っている自治行政が極めて幅広く包括的なものであることを考えれば、会員である地域住民は、通常のNPO法人よりもいっそう気にかけ、叱咤激励し、関わり合い、

185

支援を行っていかなければならないはずでしょう。

　実際の自治の現場では、様々な法的枠組みや国との関係、複雑多様化する社会問題、厳しい財政事情などの問題が山積しています。そのため、自治体職員はつい事務に追われ、自分たちが住民の負託を受け、実務処理を任された専門家であるということを失念してしまいがちです。日頃忘れられがちな住民と自治体の本来の関係を改めて確認し、認識しておくことが、自治体が単なる「役所」から抜け出すための第一歩となるのではないでしょうか。

2．相次ぐ自治基本条例の制定

　それぞれの自治体は、法律の範囲内で「条例」を定めることができます。条例は、その自治体内でのみ適用されるローカルルールですが、もちろん議会の議決を経て定められますので、当該自治体内では皆がそれを守らなければならない法規範となります。庁舎の位置や職員の給与、公共施設の手数料などもみな条例で定められています。「景観条例」や「迷惑防止条例」、さらには「お酒で乾杯条例」や「あいさつ条例」などの変わったものも含めて様々な条例が存在していますが、そのような中、全国各地の市町村で相次いで制定が進んでいる条例が「自治基本条例」です。

　自治基本条例の目的は、当該自治体における基本的な自治のあり方を定めるというものです。全国で導入が進んでいますが、だからといって国がその制定を推進しているというわけではなく、各自治体が独自の判断で取り組んでいます。このような自治体独自の動きを例にとって、自治体における自主的な自治立法と、それが地方政府の概念に与える影響について考えてみることにしましょう。

　「自治基本条例」とは、自分の自治体でどのような自治が行われるべきか、その自治体の自治のあり方の根幹を定める条例です。日本の国のあり方を定めているのは日本国憲法ですので、それにならって自治基本条例は「自治体

第 9 章 「地方公共団体」から「地方政府」へ

図 9 − 1 　自治基本条例制定自治体数の推移

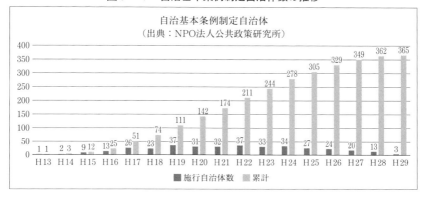

の憲法」と呼ばれています。現在、このような条例を定める自治体が全国に増えています（図 9 − 1 参照）。NPO法人公共政策研究所の調査によれば、2017年 4 月現在、全国365の市区町村が自治基本条例を制定しているそうです。これは、全国の市区町村の 5 分の 1 以上に当たり、しかも毎年その数を増やしています。今や自治基本条例は、地方自治の基本的なツールの一つとしてすっかり定着したと言っていいでしょう。

それでは、自治基本条例にはどのようなことが定められているのでしょうか。様々なバリエーションはありますが、一般的には以下のような内容が盛り込まれることが多いようです。

- 自治の基本理念・基本原則
- 自治の主体としての住民の位置づけ
- 住民の権利と義務
- 行政・議会の役割・責務
- 住民参加・情報公開等の手法
- 行政と住民との協働

条例では多くの場合、まずその自治体における自治の基本理念と原則が明示されます。そして、自治を推進して行くに当たっての行政や議会の役割・責務、情報公開などのルールが示されます。なかでも特徴的なのは、住民を

187

自治の主体として位置づけたり、その権利と義務を規定したりする条文が盛り込まれていることでしょう。通常、一般の住民は条例による規制もしくは保護の「対象者」として規定されることはあっても、「担い手」として扱われることはほとんどありません。しかし、自治基本条例では、住民もまた行政と横並びの自治の担い手の一人として扱われ、自治に携わる義務についても定められることになります。このような義務づけは、通常の条例にはほとんど見られません。ただし、条文の内容については、至って常識的なものが大半です。住民が自治の主役であること、住民の権利、行政機関の責務など、各条文に書かれている文言は極めて当たり前のことが多いですし、住民投票や情報公開などの規定についても他の法律や条例に既に記載してある内容を再掲している場合がほとんどです。では、そんな当然のことをなぜわざわざ条例化するのでしょうか。そのような当たり前の話は、単純に行政が要項等を定めて運用すればすむのではないでしょうか。

　当たり前の内容を自治基本条例として条例化する意味は、次のようなものです。まず第一に、明確なルールづくりの重要性があげられます。もし、まちづくりのルールが何も無かったら、どうなるでしょう。その場合、行政と住民との間でどちらがどの程度まちづくりに関与すべきかということについて、行政が一方的に判断を下すことになってしまいます。行政の裁量によって判断が下されるのであれば、住民サイドが一生懸命まちづくり活動を行っていても、ある日突然行政からストップがかけられるかもしれません。あるいは、行政にとって都合のいいときだけ公と民との協働の取組が推進され、都合が悪いときは全く行われないという可能性もあります。このような恣意的な運用を避け、なるべく自治体全体で統一したまちづくりを行うために、明確なルールづくりが必要となるのです。

　二つ目は、実効性の担保です。ルールを作ったとしても、それが単なる要項などであれば、実際には極めて限定的な運用しかなされない可能性も考えられます。しかし、ひとたび条例で定められるならば、それは自治体における公的なルールとなり、行政も議会も住民も、そこに記載されている内容を

第9章 「地方公共団体」から「地方政府」へ

遵守しなければならなくなります。そのため、協働の取組などが単なるかけ声に終わらず、実際に具現化することが期待できるようになるわけです。

三つ目の理由は、住民の権利と義務について規定をするものであるということです。住民を、施策の対象者ではなく担い手であるとしてその義務を規定する以上、仮にそれが努力義務に過ぎないものであったとしても、行政内部止まりの要項レベルではなく、きちんと議会の議決に付したうえでの法規範である条例として制定することが望ましいでしょう。

このように、自治基本条例では住民の権利・義務を規定することになるため、その策定に当たっては、行政の意見をお仕着せにするのではなく、住民の意見を十分に取り入れる必要があります。そのため多くの場合、策定段階から住民参加の手法を取り入れ、ワークショップや説明会を行うなど、住民が自ら条例に関わるような取組が行われてきました。また住民の側にも、条例づくりに参加して自分たちの自治体のあるべき姿を考えていくなかで自治意識を醸成させ、自立した主体へと成長していくという効果が生まれることになります。

それでは、この自治基本条例の制定は、地方政府の概念にどのように関わるのでしょうか。実は、この条例をつくること自体が、地方政府への歩みの第一歩となり得るものなのです。その理由を以下にあげましょう。

自治体で定められている多くの条例は、法律によって制定が義務づけられています。このような条例については、国や都道府県が準則を示すものも多く、いずれの自治体にあっても独自性を発揮することなく概ね似たり寄ったりのものとなります。ところが、自治基本条例については、このような国が定める準則といったものは存在せず、完全に自治体独自のものとなります。全国の5分の1の市区町村が制定しているという普遍性を持つにもかかわらず、この条例の制定を国が推奨しているわけではありません。それどころか、政党の一部には自治基本条例の制定に関して批判的なところもあるほどです。その批判自体は、自治基本条例の趣旨と無関係なところを非難しているという点で全く的外れといっていいものですが、政党がそのような立場をとる以

189

上、国としてこの条例を薦めるわけにもいかないでしょう。そのため、自治基本条例の制定は、純粋に自主的な自治立法となっているのです。

　これまで自治体は、国に権限と財源を握られており、なかなか独自の意思決定を行うことが許されませんでした。しかし、そのような制約の範囲内でも、自ら政策を考え、独自のまちづくりに取り組んできた自治体はたくさんあったのです。このような独自の意思決定を行う主体こそ、「地方政府」と呼べるものでしょう。政府とはすなわち、他者からの干渉を受けずに自ら意思決定をできる主体のことを指します。そう考えれば、国の指示を待つことなく独自に政策を展開している自治体は、（一部分ではあれ）政府としての権能を発揮しているといえるわけです。自治基本条例の制定に向けた一連の意思決定こそは、国の指示によらない自治体独自の意思決定であり、方針の策定から住民の間での討議と合意形成、さらに法規範である条例の制定まで含めて、まさに政府としての活動であるといっていいでしょう。その意味で、自治基本条例の制定への取組は、そのまま自治体が地方政府へと成長していく過程の一つといえるのではないでしょうか。

　自治体が、国の指示によらず、自らの判断で住民と一緒に自治のあり方を考え、ルールを決めていくという自治基本条例の制定は、自治体が「団体」ではなく「政府」として意思決定を行っていく契機の一つとなります。そのような取組に挑戦した自治体が、既に日本全体の５分の１にも及んでいるということは、日本における地方自治の成熟を物語っているのかもしれません。このような取組がよりいっそう広がっていけば、国の見方も変化していき、自治体自身の意識もまた、「団体」から「政府」へと大きく変わっていくのではないでしょうか。

３．地方公共団体から地方政府へ

　これまで、自治体と住民との関係、自治立法の重要性について述べてきました。これらを踏まえて、なぜ自治体が「地方公共団体」ではなく「地方政

第9章 「地方公共団体」から「地方政府」へ

府」でなければならないのか、地方政府という言葉の持つ理念と意義について再度考えてみましょう。

改めて「政府」という言葉について考えてみましょう。政府とは、「政治を行う所。現行憲法では、行政権の属する内閣または内閣とその下にある行政機関の総体をいう。広義では、立法・司法を含む国家の統治機関を意味する」（大辞林）となります。我々が一般的に政府と表現する場合、その意味は2つ目の意味合いである「内閣とその下にある行政機関の総体」を指すこととなるでしょう。これらの機関は、英語でいうGovernment（ガバメント）に当たります。この単語を辞書で引いてみると、以下のとおりとなります。

【government】

（不可算名詞）

● 政治、施政、統治（権）、行政（権）

● 政治体制、政治［国家］組織

（可算名詞）［集合的に；通例 Government］

● 政府、内閣　　　　　　　　　　　　（研究社　新英和中辞典）

ここでいう「政府」については、Governmentと一文字目を大文字で表記する可算名詞の方になります。

それでは、自治体の方はどうでしょうか。先述のとおり、日本においては自治体は「地方政府」ではなく「地方公共団体」と呼ばれます。こちらも英語訳を見てみましょう。日本国憲法の英語訳について、法務省の提供している日本法令外国語訳データベースシステムを参照すると、憲法で地方自治を規定している第8章の第92条については、このように書いてあります。上段が日本語で、下段がそれを英語に訳したものになります。

第八章　地方自治

CHAPTER VIII. LOCAL SELF-GOVERNMENT

第九十二条　地方公共団体の組織及び運営に関する事項は、地方自治

の本旨に基いて、法律でこれを定める。

Article 92.　Regulations concerning organization and operations of local public entities shall be fixed by law in accordance with the principle of local autonomy.　　　　　　　　　　（下線部筆者）

　興味深いことに、「第八章　地方自治」と書いてある章題については、英語ではLOCAL SELF-GOVERNMENTと書かれています。ここにはgovernmentという文字が使われています。全て大文字で書かれていますので分かりづらいですが、おそらくここで使われているガバメントは小文字のgovernment、つまり「統治」という意味合いでしょう。ローカルセルフガバメント、つまり地方自治というわけです。ところが、章題にはガバメントの文字が使われているので、本文中でも自治体を指してLocal Governmentのような表現が使われるのかと思いきや、なぜか条文の中に入るとgovernmentという表現は消えてしまいます。かわりに地方公共団体の訳語として使われているのが、Local Public Entitiesという表現です。では、Governmentのかわりに使われているEntity（エンティティ）という言葉はどういう意味でしょうか。これも辞書を引いてみましょう。

【entity】

（不可算名詞）

● 実在、存在

（可算名詞）

● 実在物、実体、本体

● 自主独立体　　　　　　　　　　　　　　（研究社　新英和中辞典）

　ここでのエンティティは複数形の可算名詞ですので二番目の意味合いです。やや分かりづらいですが、「自主独立体」と考えていいでしょう。Local Public Entitiesとは、要するに地方における公的な存在といった程度の文言であり、まさに「地方公共団体」になるわけです。governmentが持っていた「統治」という意味合いは全く抜け落ちてしまっているといっていいでしょう。憲法では、どうやら意識的に自治体のことをGovernment（政府）と

192

呼ぶことを避けているようです。自治体は「政府」とよべるほどの存在ではないのだ、というのが国の見解なのかもしれません。

　では、海外ではどうでしょうか。実は海外では、自治体は当たり前のようにLocal Governmentと呼ばれています。大規模な郡（カウンティ）や市（シティ）から小規模な村（ビレッジ）に至るまで、全てLocal Governmentです。もちろん、海外の研究で日本の地方公共団体について論及するときも、Local Government in Japanと表記されることとなります。日本のようにGovernmentという言葉を避けたいばかりにLocal Public Entityなどという表現を無理矢理使っている国はほとんどありません。海外でこの表現が使用される例としては、居住しているエリアを管轄する行政機関の種類が違うときに（郡や市など）、それを総称して指すのに使う程度です。国際的には、自治体は「地方政府」と呼ばれる方が一般的であり、自治体を頑なに政府と認めようとしない日本の方が異質なのです。

　自治体を「団体」と見るか「政府」と見るかで、どのような違いが出てくるのでしょうか。まずは自治体を「団体」と捉えたときにどのような問題が生じるかを見てみましょう。自治体をあくまでも「団体」であるとして、「政府」と認めないことの理由としては、日本で長く続いてきた中央集権体制があげられるでしょう。明治維新以降の中央集権の中で、自治体は国の下部機関であると認識する意識が（特に中央政府の側に）根付いてしまったのではないでしょうか。第二次大戦終結後も、法的枠組みとして自治体を国の末端の執行機関として位置づける「機関委任事務」の制度が維持されていたことから、このような「お上」意識は変わらずに続くことになりました。機関委任事務自体は2000年施行の地方分権一括法によって廃止されましたが、その後も、国の側にはなお「自治体は到底政府と呼べるものではない」という意識が残っているのかもしれません。

　自治体を「団体」として捉えた場合、そこには以下のようなイメージが付随してきます。

- 中央政府との「政府間」関係にあることを認めない
- 政策を形成し実施していく主体として認めない
- 中央政府の全国共通の政策の実施のための単位とみる
- 中央政府との上下関係に位置づける

　このように、自治体を単なる団体であるとするならば、そこに浮かび上がるのは主体性や自律性に欠けた下位の存在としての自治体像です。これではいつまでたっても自治体は自立することができません。国の側は、自治体に対して様々な機会を捉えて「自分で知恵を出すこと」「それぞれの地域に応じた独自の取組を進めること」などを求めています。しかし、肝心の国の側が、内心では自治体が政府として自らの意思決定を行うことができる存在であると信じていないのであれば、そのようなメッセージは空疎なものとならざるを得ないでしょう。

　では、自治体を「政府」であると捉えるとどうなるでしょうか。そこに顕れるのは、以下のようなポジティブなイメージです。

- 地域の利益やニーズに主体的に応える
- 自己決定権の行使と、行動選択の自由
- 政策の形成・決定・執行を主体的に実施

　この観点から描かれる自治体像には、「団体」の方にあった国の下位機関というニュアンスは既にありません。一つの意思決定機関である「政府」として、実際の地域の課題に果敢に立ち向かっていくという自治体の姿が思い描けるでしょう。もちろん、課題の解決のために、国とも対等な立場で協議・連携していくこととなります。

　このように、自治体を「団体」として捉える立場と、「政府」として捉える立場には大きな差があります。自治体を「地方政府」として捉えることによって、自治体が自律的な力で自治行政に取り組んでいく主体であるということを明確化することになります。今日の自治体が置かれた行財政の状況や、社会環境の急激な変化の流れに鑑みれば、自治体は単なる従属的な「団体」ではなく、まさに「政府」としての役割を果たしていかなければならないの

第9章 「地方公共団体」から「地方政府」へ

です。そう考えると、これからの自治体の目指すべきあり方はまさに、本章のタイトルに示した「地方公共団体」から「地方政府」へ、ということになるでしょう。

　地方分権一括法によって機関委任事務は廃止されました。これによって、国と自治体との関係は「上限関係」から「対等・協力の関係」になったといわれます。しかし現実には、自治体を取り巻く厳しい行財政の現状を背景に、国は自治体を自分たちの思うがままにコントロールしようとしています。このような現状を是正し、国と自治体との関係が本当の意味での対等・協力の関係になっていくためにも、自治体を「地方政府」として捉えるという考え方は非常に重要となります。国と地方との関係は「政府間関係」として捉え直す必要があるでしょう。また、自治体が一つの「政府」として、いかに時代の変化に適応しつつ住民の満足度を向上させていくか、いかに自律的に行財政を運営していくかについても考えていかなければならなくなります。

　現在の自治体では、このような自律性を発揮し、政府として主体的に政策の実施に取り組んでいくことは確かに困難でしょう。制度的な課題も多く、財政面でも国への依存という状況があります。しかし、全ての自治体が常にこのような視点のもとで主体的に地域の課題に取り組んでいく姿勢を持ち続けるならば、近い将来、日本の自治行政は大きく変わっていくのではないでしょうか。

第10章　自治の華ひらく協治の世界
～新たな自治概念の展望～

はじめに

　これまで、本書のテーマである協治という概念を理解するため、自治・協働・ガバナンスなどの様々な概念について考察を行ってきました。また、「自ら治める」ものとして自治を担うべき様々な主体について、住民個人からNPO法人、自治会・町内会などに至るまで、その果たすべき役割を論じてきたところです。ここでは、これまで述べてきた話を総合する形で、来たるべき協治社会についてその理念を展望してみることとしましょう。

　協治社会について考えるためには、その前提となる「自治」という言葉の持つ意味合いをもう一度振り返ってみる必要があります。現実社会における自治行政は、「○○町総務課」などの組織や「××支援プログラム」のような政策等、様々な具体的な形をもって現れます。しかし、それらの目に見える具体的な制度について考えているだけでは、現実社会の後追いをするだけで終わってしまうでしょう。だからここでは現実の事象の背景にある「規範的」な自治の姿、すなわち自治の「あるべき姿」をしめす理念を考えてみることにしましょう。

　この本で何度も述べてきたとおり、自治の主人公は我々住民一人ひとりです。住民は、行政による単なる「統治対象」という存在を超え、行政の「顧客」という立場も超えて、ともに自治を担っていく行政と対等な主体にならなければいけません。客体ではなく主体として自治に関わり、行政とともにガバナンスを担っていくというCo-Governanceの考え方のもと、公民それぞれが互いに対等な立場で地域のあり方を考え、協働しながら「自ら治める」自治を実現していくことが必要となります。このような地域のあり方が実現した社会こそ、協治社会と呼べるでしょう。では、我々は協治社会の実現に向けた道をどのように歩んでいけばいいのでしょうか。

　現在の自治の捉え方においては、主となるのは行政であり、住民はあくまで従的なものとなっています。専門的な用語で、行政組織が担う自治を「団

第10章　自治の華ひらく協治の世界

体自治」、住民が主体となって取り組む自治を「住民自治」といいます。その概念に基づいて考えてみると、現在の自治観は「団体自治」ばかりがクローズアップされており、「住民自治」はその影に隠れてしまっているという状態といえます。住民は、個々の顔の見えない大きな集団であり、人口××人などの数字に置き換えられてしまう存在として観念されてしまっているのです。

　しかしながら、現実社会を生きている我々住民は、決して××人と数字で表されるような無機質な存在ではありません。一人ひとりが地域で息づき、様々な知識や経験を蓄え、豊かな暮らしを求めて活動している生きた存在なのです。そのことをきちんと認めたうえで公と民とが協力連携していくという考え方が協働です。そして、無機質な数字としての住民ではなく、地域の中で息づく人々の協働によって営まれていく自治こそが協治ということになります。

　協治社会の実現に向けた歩みを進めていくためには、従来までの自治の規範的なとらえ方を根本から変えていく必要があります。これまでの「行政が住民を」という自治観から離れ、「行政も住民も」という全く新しい自治の理念の上に立って、協治社会を展望してみることにしましょう。

1．団体自治と住民自治

　はじめに、これから先の議論に理解を深めるため、先ほどお話しした「団体自治」と「住民自治」という二つの概念について説明することとします。

　日本国憲法では、第8章（第92～95条）において地方自治に関することが規定されています。これらの項目は、第二次大戦前の帝国憲法には存在せず、現行憲法においてはじめて追加されたものです。その第8章の第92条には、以下のとおり書かれています。

　日本国憲法　第92条

● 　地方公共団体の組織及び運営に関する事項は、地方自治の本旨に基い

て、法律でこれを定める。（下線部筆者）

　この条文の最後に、「法律でこれを定める」と書いてあります。このような場合、必ずそれについて定めている別の法律が存在することになります。この場合は、地方自治法がそれに当たることになります。その地方自治法の第1条には、このように書かれています。

　地方自治法　第1条
　● 　この法律は、地方自治の本旨に基いて、地方公共団体の区分並びに地方公共団体の組織及び運営に関する事項の大綱を定め、併せて国と地方公共団体との間の基本的関係を確立することにより、地方公共団体における民主的にして能率的な行政の確保を図るとともに、地方公共団体の健全な発達を保障することを目的とする。（下線部筆者）

　日本国憲法第92条にも、地方自治法第1条にも、「地方自治の本旨」という言葉が出てきます。どうやら自治というものは、この「地方自治の本旨」に基づいて行われることが重要であるようです。では、その地方自治の本旨とはなんでしょうか。

　多くの法律では、第2条にその法律で使う言葉の定義が書いてあります。そのため、なにか分からない言葉があったら、関係する法律の第2条を読めばだいたい意味合いが分かるようになっています。ところが、憲法や地方自治法のような「大物」の法律には、言葉の定義がありません。そのため、地方自治の本旨という言葉がなにを指すのか、法律からは読み解くことができなくなっています。しかしながら、戦後の地方自治をめぐる公法学・行政学の研究の積み重ねの中で、地方自治の本旨が指すとされるものについてのだいたいの合意は既に形成されています。それが、先に述べた「団体自治」と「住民自治」の二つというわけです。つまり、「地方自治の本旨とは団体自治と住民自治である」ということになります。

　しかし、普通の人はこのようにいわれたとしても、首をかしげるはずです。今度は、団体自治と住民自治という言葉がどういう意味なのかが分かりません。そこで、これら二つについて説明することとしましょう。

第10章　自治の華ひらく協治の世界

　「団体自治」とは、中央政府（国）から独立した地方公共団体の存在を認めたうえで、その団体が地方の事務を行うという概念です。ここで中心となっているのは組織の理論です。そのため、団体自治の観点から自治を推進していくということを考えた場合、いかに自治体の行政組織を強化し、効率化していくかということが重要になります。

　他方、「住民自治」については、地域社会の公的な問題をその地域に居住する住民が自らの意思と責任で処理していくという概念です。こちらの方で中心となるのは、いわゆる「住民主体」という考え方でしょう。住民自治を強化していくということはすなわち、住民自身が、地域の自治にしっかりと関わっていくこと、そして自治行政にしっかりと住民意思を反映させていくこととなります。

　この団体自治と住民自治の二つが、地方自治の本旨になります。つまり、地方自治の本旨とは、「自治体の行政組織をより強く、効率的にする（団体自治）とともに、住民自身が積極的に自治に参加し、その意思を自治行政に反映させていく（住民自治）こと」となります。前者は「効率性」の理論に、後者は「民主性」の理論に基づくものであると考えれば、地方自治の本旨とは、自治体の効率性と民主性をともに高めていくことであるといえるのではないでしょうか。

　これまでの日本の地方自治の歴史を振り返ると、長い間、団体自治の側面ばかりが強調され、住民自治がなおざりにされてきたことが分かります。終戦から高度経済成長期と次第に福祉国家化が進展する中で、自治体の活動範囲はどんどん肥大化していきました。これは、先ほど述べた団体自治の中では、「行政組織を強化する」という部分になるでしょう。ところが、団体自治はその力を強める余り、それまでは住民自治によって営まれてきた地区の美化や環境保全、町内のお祭りなどの様々なまちづくり活動すらも丸抱えに飲み込んでしまったのです。

　このように巨大化する一方の団体自治に対し、住民自治の側が飲み込まれまいと抵抗したかといえば、さにあらずです。むしろ、住民自治の方は喜ん

で団体自治に自らの役割を押しつけ、責任を放棄してしまいました。なにしろ団体自治の側が面倒なことは何もかもやってくれるというのですから、これも無理のない話でしょう。このような流れで、団体自治だけが地域の公共を担ってきた結果、住民の間には、自分たちの暮らす地域を活性化させるのは行政の役割であるという行政依存の傾向が定着することとなってしまいました。

　しかし、日本の地方自治におけるこのような団体自治偏重の傾向は、いつまでも続くものではありません。これまで長い間地域の公共を抱えてきた自治体は、現在、いずれも財政難に苦しみ、行財政改革に追われています。これは、目一杯膨れ上がり肥大化した団体自治が、「自治体の行政組織をより強くし、より効率化する」という本来の姿に回帰していくことであるともいえます。他方、住民自治の側にも変化が生じています。「新たな公共」と呼ばれる人たちが続々と生まれ、公と民との協働の必要性も声高に叫ばれるようになりました。これらのことは、一度は団体自治の懐で眠りについた住民自治が、社会環境の変化の中でその目を覚まし、自律を求めて立ち上がろうとする動きといってもよいでしょう。

　地方自治の本旨とは、団体自治と住民自治をいずれも健全に成長させていくということです。しかし、これまでの日本では、団体自治ばかりが成長してきました（しかも、不健全に肥大化した形で）。しかし、団体自治による統治に正当性を与えるのはその地域に住んでいる住民であるということを考えれば、住民自治こそ正に自治の土台とならなければいけないのです。その意味で、本書で繰り返し述べてきた「自治とは自ら治めることである」という考え方は、この住民自治の考え方に立ち、その重要性を明確にするものといえるでしょう。

2．これまでの自治の概念

団体自治と住民自治という二つの考え方を整理したうえで、これまで日本

第10章　自治の華ひらく協治の世界

において伝統的に理解されてきた規範的な自治の理念について改めて考えてみることにしましょう。ここでは、もっとも著名な自治の理論として行政学者の西尾勝が唱えたものを中心に紹介します。（以下、「伝統的自治理論」と呼ぶこととします。）

　伝統的自治理論においては、自治とは次のように理解されるものとなります。まず、自治は、個人の自治、集団の自治、そして共同社会の自治に分かれるとされます。社会学の分類としては、まず個人（および世帯）が社会を構成する最小単位となります。次に、個人が集まって集団ができます。これらの集団は、何らかの目的を果たすためのグループや会社などの組織のことを意味します。そして、それらの集団が集まって形成されているのが社会となります。社会学でいうところの「社会」は、地域社会から国際社会まで非常に幅広い概念ですが、伝統的自治理論でいうところの「共同社会」については、およそ地方自治体のエリアを指すと考えていいでしょう。また、「共同社会の自治」については、明らかに自治体組織による自治行政が念頭に置かれています。

　伝統的自治理論において、自治を考えるうえでの重要となる概念は「自律（autonomy）」と「自己統治（self-government）」の二つです。この二つの概念によって、個人レベル・集団レベル・共同社会レベルの自治が考察されていくことになります。まず、個人の自治について考えてみましょう。個人が他者に縛られず、自らの意思で自らの行為を律することができるとき、そこには個人の自治ないし自律があるということになります。ただし、自治が存在するためには、自分のルールを自分で決めることができるという裁量権能（自主立法権）と、他者の力を借りずに自分の意思によって自分の行為を統制し実行するための力（自己制御能力）が必要になります。このような個人の自律は、「権力からの自由」とほぼ同義であるとされます。簡単にいえば、「自ら意思決定する力」が個人の自治ということになるでしょう。

　集団レベル・共同社会レベルの自律についても、この個人の自律の概念から敷衍類推することで論じられます。すなわち、組織であっても自治体であ

203

っても、他者からの押しつけではなく、自ら自分のルールを決め、自分の意思で決定し実行していくことが自律となるわけです。自らの意思を侵害しかねない「権力」とは、自治体（都道府県・市町村）の場合でいえば、中央政府（国）ということになるかもしれません。いいかえれば、国の下部機関として命令を受けるのではなく、自ら意思決定をする力を持つということが自治体の自律ということになります。

　さて、個人の自治の場合は、先ほど述べた二つの概念のうち「自律」の方しか問題となりませんでした。しかし、集団や共同社会が単一の主体として意思決定する場合、もう一つの「自己統治」の方も重要となってきます。なぜなら、集団や共同社会はそれ単独で存在しているわけではなく、自律性を持った複数の個人が集まることで形成されるものだからです。集団が形成されるということは、少なくともそこに個人では解決できないような何らかの公共的な課題が存在しているということになるでしょう。そのような「みんなに関わる」問題を解決するために、個人が集まって集団が形成され、集団が集まって共同社会が形成されるわけです。そうなると、「個人だけに属する私的な部分」と「みんなに関わる公共的な部分」を区別しなければならず、公共的な部分についてどのように処理していくかのルールを決めなければならなくなります。これらは、一人だけの時には問題にならなかった新しい課題であり、それを解決するために、「自己統治」が必要となるわけです。

　この自律と自己統治という二つの類型は、互いに独立しているわけではありません。例えば自律の場合、個人・集団・共同社会の自律が確保されるためには、何らかの制度による保障が必要となります。その際、その制度のルールを作るのが他の権力であるならば、その権力の恣意により自律が脅かされてしまうでしょう。そのため、個人・集団・共同社会が自律を保つには、自律を維持するための制度づくりに参加しなければなりません。つまり、自律を維持するためには自己統治が必要となるわけです。また、自己統治の方も、民主主義の理論が自律的個人を基礎としていることからも分かるとおり、構成員の自律のない自己統治は考えられないでしょう。

第10章　自治の華ひらく協治の世界

　このように、「自律」と「自己統治」の二つが伝統的自治理論における自治の要素となります。ごく簡単に述べると、「自ら意思決定をする力を持つ（自律）とともに、それらの力を自分たちで統合・調整するための統治構造をつくっていくこと」が自治であるということとなるでしょう。

　この伝統的自治理論における自治の考え方は、大変にシンプルで分かりやすいものです。自治という言葉について、余分な概念を極限までそぎ落として純粋に理念化しており、所与の規範枠組みとしての憲政原理で自治を捉えるうえでは非常に優れたものであるといえるでしょう。この純粋形の理論が示されたことによって、日本においては自治について考える際の思考のスタート地点がこの理論になったというのは、ごく自然なことでした。

　しかしながら、この理論で捉えられる自治概念は、そのシンプルさ、純粋さゆえに、自治を考えるうえで見失ってはならない視点までそぎ落としてしまったきらいがあります。それは、先に述べた団体自治と住民自治の二つのうち、住民自治の持つ重要性です。自治というものが、他でもない我々地域住民に関わるものである以上、住民がいかに自治に関わっていくべきなのかという視点は常に念頭に置かなければいけません。ところが、伝統的自治理論の捉え方においては、理念化を推し進めるあまりにその視点がそぎ落とされてしまっています。確かに伝統的自治理論では、自治を考える際、まずは個人レベルから論理が展開されています。しかしながら、そこで想定されている個人とは、地域で生活を営んでいる「生きた住民」としての人間ではなく、単純な理論モデルとしての人間です。これは、あえて理念型を仮定して議論を展開しているため当然といえば当然なのですが、結果として、個人の自治を共同社会の自治に敷衍類推した瞬間に「人間」の存在は消失してしまい、後に残るのは、いかに共同社会の統治構造としての団体自治が国という上位の権力に対して自律を保ち、内部で自己統治を行っていくか、という視点のみとなってしまいます。団体自治と住民自治のうち、中心的な概念としてクローズアップされるのは団体自治のみであり、住民自治については「個人の自律」という一言で片付けられてしまっているかのような印象すら受け

205

ます。いわば、伝統的自治理論の自治とは、「団体自治中心の自治概念」であるといえるのではないでしょうか。

　このような自治観が、日本の地方自治の学術面及び実務面を永く支配してきました。どちらかといえば、理論が受け入れられ自治体がそれに従ったというよりは、西尾がそれまでの日本における自治の趨勢を正しく捉え、それを的確に定式化したという方が正しいのではないでしょうか。いずれにしても、伝統的自治理論自体は自治の規範的な姿を示すことを企図する、純粋に理念的な理論でしたが、自治の現場においては、その理念は「団体自治の偏重」という形でしか具現化されなかったわけです。このような団体自治に偏った自治の現状を打破するためには、今までとは異なる自治の理念が必要となるでしょう。続いては、伝統的自治理論とは別の視点に立った新しい自治の見方について考えてみましょう。

3．もう一つの自治概念

　地方自治の本旨とは、団体自治と住民自治双方を健全に発展させていくことであると先ほど述べました。自治を有効に機能させていくためには、団体自治だけではなく、住民自治もまた強化していかなければならないのです。しかし、これまで日本で一般的に受け入れられていた伝統的自治理論による自治の捉え方では、どうしても団体自治が中心になり、住民自治の姿は後ろに隠れて見えなくなっていました。しかし、団体自治中心の自治概念があるならば、もう一つ別の自治の捉え方、住民自治を中心に据えた自治の捉え方というのもあっていいはずです。では、そのような住民自治中心の規範的な自治概念とはどのようなものなのでしょうか。少し考えてみましょう。

　伝統的自治理論で中心となっていた概念は「自律（autonomy）」と「自己統治（self-government）」でした。このうち、自律の部分については、重要な鍵概念として納得できるものです。住民自治を中心に自治について考えるうえでも、自律は極めて重要な意味合いを持つでしょう。

第10章　自治の華ひらく協治の世界

　問題は、もう一つの「自己統治」の方です。伝統的自治理論では、個人の自治・集団の自治ときて、次の「共同社会」の自治については、その範囲を地方自治体のエリアと見なしています。本来、共同社会という言葉には様々な広がりのレベルがあり、それに応じた自治があるはずです。しかし伝統的自治理論では、共同社会という言葉から一足飛びに自治体組織の自治に話が移ってしまうため、自己統治という言葉はself-governmentとなり、団体自治のみがクローズアップされてしまうことになります。

　ここで、ほんの少しだけ味方を変えてみることにしましょう。例えば、「共同社会」という言葉を「地域コミュニティ」として捉えてみるとどうなるでしょうか。共同社会を地域コミュニティであると考えてみると、当然のことながら、そこに存在する意思決定主体は一つだけではありません。様々な個性と能力を持った人びとが、地域コミュニティの中で暮らしています。自治会などの地縁組織や、NPOなどの機能組織、そして何より地域で生活を営む個々の住民がそこで活躍しているでしょう。もちろん、自治体もその重要なメンバーの一人でしょうが、しかし、決して独占的に統治を行うような存在ではありません。

　「共同社会の自治」を「地域コミュニティの自治」と捉えてみたうえで「自己統治」について考えてみましょう。そこに見えてくるのは、自律した主体による地域の公共に関する合意形成、お互いの信頼のネットワークの構築、多様な主体による協働などのイメージです。ここでの自己統治という言葉が持つ意味合いは、self-governmentではなくself-governanceとなります。当然のことながら、地域コミュニティの自治における団体自治と住民自治とでは、住民自治の方に重きが置かれることになります。地域コミュニティの自己統治を実現していくためには、信頼と協働による住民自治の強化が必要不可欠でしょう。団体自治は一歩後ろに退き、住民自治による合意を実現していく実行部隊としてその強化が要請されることとなります。

　地域コミュニティからもう少しエリアを広げてみるとどうなるでしょうか。もちろん、そこにも様々な人びとが住んでいることに変わりはありません。

207

また、自治会や地域づくり団体などの組織が連携・協力する場としての広域の自治協議会などもあるでしょう。NPOや企業なども活動しています。さらにエリアを広げれば、商工会や観光協会、大学等の高等教育機関など、住民自治に関わる主体もその多様性を増していきます。その分、合意形成の手間は増えていくでしょうが、そのかわり、住民自治の持っている潜在的なポテンシャルも飛躍的に増大し、協働することによって発揮できる力もどんどん大きくなっていくことが想像できると思います。そこに集まる様々な主体が、自治に真剣に向き合い、自らの持つ力を他者の力と合わせていけばいくほど、共同社会の自治は充実強化していくでしょう。このように考えれば、自律と自己統治に当たって強化していくべきは、むしろ住民自治の方であるといえます。団体自治の方は、それをきちんとサポートしていけるようにならなければいけません。

　このように、「共同社会」という言葉に対する見方を少し変えてみるだけで、とたんに多様な主体が生き生きと活動している、息づかいが感じられる

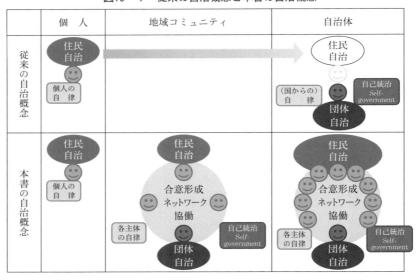

図10－1　従来の自治概念と本書の自治概念

208

第10章　自治の華ひらく協治の世界

ような自治観があらわれます。このような自治観は、「住民自治中心の自治概念」であるといえるでしょう。共同社会の自治を考えるうえで、一足飛びに個人から自治体に敷衍させるのではなく、個人から近隣へ、近隣から地域へ、地域から自治体へと少しずつ思考を広げていくことによって、自治の全く新しい視点が見えてくるわけです。（図10－1参照）

4．外延的自治という考え方

　先述のとおり、日本においては長い間、団体自治中心の自治概念が主流を占めていました。このような自治の捉え方のもとでは、住民は、単なる「統治の対象」でしかありません。地域住民の一人ひとりが持つはずの個性や経験は「人口○○人」といった無機質な数字の中に消え去り、個別に抱えている課題や悩みは「××と感じている住民○％」という言葉に置き換えられる過程で失われてしまうこととなっていました。

　少し時代が下がって1980年代以降になると、世界的なNPM（New Public Management・新公共経営）の潮流の中で、日本の地方自治の現場にも「顧客主義」が導入されはじめました。これは、住民を行政サービスの顧客であると考え、その満足度を高めるためによりよい行政サービスを提供していくというものです。それ自体はいいことですが、この「顧客主義」という言葉が一人歩きしてしまい、結果として行政が住民を「お客様」扱いすることで、ますますその自律性を阻害してしまいました。住民の側も、自分はお客でありわがままをいって当然だとばかり、自治体職員に対して横柄に振る舞うような傾向も見られました。

　公と民がこのような関係のままでは、いつまで経っても個々の住民の力がいかされることはありません。しかしながら、従来の規範枠組みとしての憲政原理からは、これ以上の自治観は生まれないでしょう。では、住民自治中心の自治概念に基づいて「自治の強化」を考えてみるとどうなるでしょうか。団体自治ではなく住民自治を中心に考えた場合、自治の力をより高めていく

209

ためには、住民が個々に持っている様々な専門的知識・技能・能力などを認め、それを自治行政の中にいかしていくことが必要であるという視点が生まれます。このような「個の力をいかしていく」という視点は、従来の自治の理論には存在しなかったものです。

　集団であれ、共同社会であれ、その営みは人と人の相互作用の中で行われています。そうであれば、共同社会の構成員である住民一人ひとりが、その能力に応じて自治行政に積極的に参加・協働し、自らの持つ知識や技能をいかしていくことが、自治行政の質的向上につながるはずです。自治体にとっては、行政の力が不足する部分に住民の助けを借りることができるならば、その分の力を行政でなければできない分野に集中させることができます。また、当の住民にとっても、自分の持つ力を存分に発揮して地域の公共に貢献するということが、生きがいづくりや自己実現につながるでしょう。これからの自治は、このように住民一人ひとりが自分の持つ力を自覚し、それを発揮しながら自治に関わり、自治体と一緒になって地域の公共を担っていくというものでなければなりません。今必要なのは、このような社会的実践原理としての自治観でしょう。

　このような自治の考え方をどう呼べばいいのでしょうか。ここでは論理学の用語を借りてくることにしましょう。論理学では、ある言葉（概念）に共通する本質的な部分を「内包」、そしてその対となる言葉として、その概念が示す具体的な事物の集合を「外延」と呼びます。この用語の考え方を利用して、自治体に当てはめてみましょう。自治体において行われる自治も、よく考えると内包と外延の二種類に分けることができそうです。もちろん、自治体の行政組織自体が担う自治が内包に当たるでしょう。従って、行政組織が担任している部分の自治は「内包的自治」といえることになります。伝統的には、ここでいう内包的自治のみが「自治行政」と認識されてきました。しかし、自治体を具体的に構成しているのは一人ひとりの人間です。その人びとの中には、たまたま自治体で働いている行政職員という一握りの集合もありますが、大半はその地域で生活を営む住民です。これらの多くの人びと

210

が、具体的な形で自治行政に関わっていくとき、それらの取組を「外延的自治」と呼ぶこととしましょう。（図10－2参照）

　このような「外延的自治」というような考え方は、これまでの日本における団体自治中心の自治概念には見られないものです。この言葉は、自治というものが、行政組織という仮想的な主体ではなく、地域で暮らす生きた人間によって担われていること、住民がその一部を担っても何ら構わないということを示しています。それはまた、上下関係として固定化されがちな公と民との関係について、それを相対化し水平化するための視座を提供します。

　自治行政の実務については、当然自治体が行うことになります。しかしながら、自治体を取り巻く自治の外延には、様々な能力・様々な知識を持った住民がいます。それらの個々の外延が、自らの持つ力を地域の公共においていかしていくことで、自治行政はより豊かなものとなるでしょう。これこそが、「外延的自治」という言葉の意味合いです。これからの自治体は、住民を単なる数字、単なる顧客と見るのではなく、外延的自治を担う一つの主体として観念し、その力を自治行政につなげていくことを考えていかなければ

図10－2　外延的自治の概念

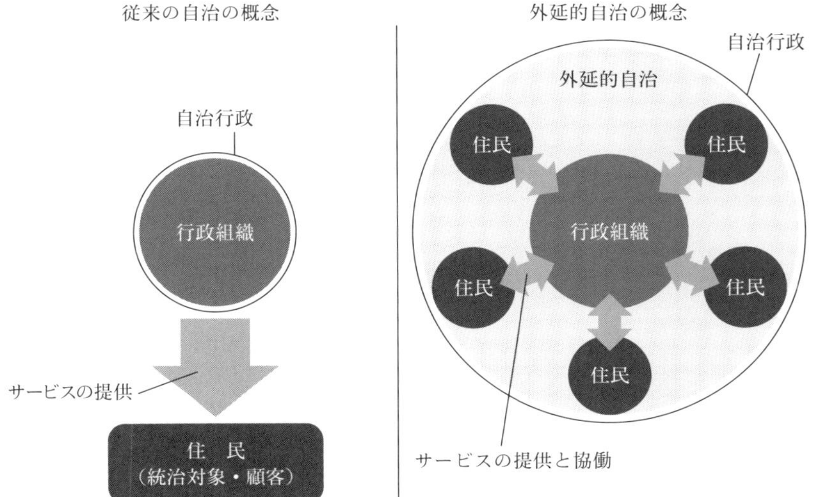

従来の自治の概念

外延的自治の概念

自治行政

行政組織

サービスの提供

住　民
（統治対象・顧客）

外延的自治

自治行政

住民

住民

行政組織

住民

住民

住民

サービスの提供と協働

211

いけません。住民もまた、自らが自治の担い手の一員であることを明確に認識し、自分の能力に応じてその力を存分にいかしていくことが求められていくでしょう。

このようにお話しすると、驚かれる方も多いのではないでしょうか。「自分は、一市民として市役所に苦情をいったりするが、だからといって自治を担うことなんて無理だ」と感じる方もいらっしゃるかもしれません。あるいは、この話を自治体の職員の方が聞かれたら、「行政というのは専門性が強い仕事だから、素人の住民に任せるのは無理だ」と考える可能性もあるでしょう。しかし、両者の答えには、いずれも大きな勘違いがあるといわざるを得ません。

まず、市民として市役所に苦情をいうケースを考えてみましょう。その苦情が、ただ自分の都合だけを考えていうものであれば、それはなんら自治行政の役には立ちません。しかし、「もっといいやり方がある」という考えのもとで行われている発言ならば、それはアドボカシー（政策提言）の一種であるとも考えられるわけです。しかしながら、どのように優れたアドボカシーであったとしても、職員を怒鳴る、愚痴るなどの不適当なやり方で行われる限り、受け入れられることはないでしょう。少しアドボカシーのやり方を変え、一緒によりよい手法を考えるという立場に立つならば、相手は聞く耳を持ち始めます。更に一歩進んで、相手と一緒にその手法に取り組んでみることに挑戦するならば、それは立派な協働となります。そして、自分たちで行う部分と行政が行う部分を連携させ、お互いの協働のベストミックスを探すことができるようになるならば、もはや外延的自治が発露しているといっていいのではないでしょうか。「苦情」と「外延的自治」との間には、深い溝が存在します。しかし、その溝の幅は、我々が思うほど大きくはないのです。一歩踏み出してその溝を超えるか超えないか、それが今、住民には問われているのです。

もう一方で、行政職員の「行政というのは専門性が強い仕事だから、素人の住民に任せるのは無理だ」というありがちなセリフも、実は的外れです。

経済学者のＤ．ウィットマンによれば、地域住民は行政職員に比して以下のような問題があるため、専門的知識の必要なことがらについて十分に理解できないのではないかと思われているそうです。（Ｄ．ウィットマン『デモクラシーの経済学』奥井克美訳、東洋経済新報社、2002年）

1．住民は、正しい決定を行うのに十分な専門的知識を持っていない

2．住民は、政治家や行政が提供する偏った情報に安易に左右される

3．情報を多く持つ行政は、その情報の非対称性を利用して無知な住民をだます

4．意思決定は、特定の集団によるバイアスのかかった判断の影響を受ける

しかしながら、ウィットマンはこれらの考え方に対して、以下のように反論します。

1．住民は、意思決定を行ううえで博識である必要はない。選択肢のうち、どれが自分の要望により近いかを把握していれば十分である

2．住民は、政治家や行政の提供する情報を真に受けたりはしない

3．意思決定が繰り返されるほど、情報の非対称性の問題は小さくなる

4．少数の偏った意見は、大数の法則により無視できる（但し、多様な意見が許容される場がなければならない）

このような条件下では、住民は、専門的知識無しでも分別ある判断を下すことができるようになります。ということはつまり、「住民には専門的知識が無い」と嘆いている行政職員は、本当は、住民に適切な情報や選択肢を提供してこなかっただけなのかもしれないわけです。

今、自治体と住民双方に求められているのは、この外延的自治の考え方に基づく住民自治の推進です。地域には、様々な専門的知識と幅広い経験を持つ人材がたくさんいます。これらの人びとは、外延の部分で自治を担うことが十分に可能な力を持っています。更に、このような外延的自治の取組の一つひとつが、それを担う人たち自身の生きがいづくりや自己実現にもつながっていくこととなるのです。これからの自治行政においては、自治体の行政

213

活動のみを注視するのではなく、それを取り巻く地域住民の力もしっかりといかしていくことが必要となります。そのような視座を自治体・住民の双方に提供するための理念が、ここで述べた「外延的自治」の概念となります。自治体の側は、地域住民は決して「統治対象の数字」でも「単なる顧客」でもなく、ともに自治を担っていく対等なパートナーであるという認識が必要不可欠となるでしょう。

5．自治の華ひらく協治の世界

　これまで伝統的自治理論とは対照的な住民自治を中心とした自治概念、さらに住民一人ひとりの持つ力を自治行政にいかしていくことを企図した外延的自治の考え方について考察してきました。これらを踏まえて、住民と自治体とがともに対等なパートナーとして協働で自治を行っていくという、来たるべき「協治社会」のビジョンと、協治社会において外延的自治を担うべき「自律した市民」の概念について触れておきましょう。

　前の方の章で、協治という言葉を取り上げました。そこでは、自治の世界におけるガバナンスについて、行政だけではなく住民もまた統治主体の一員として、積極的に関わっていく必要があると論じました。自治におけるガバナンスは、Co-governanceであり、公と民のそれぞれの主体が、お互いに対等な立場で地域のあり方を考え、協働しながら「自ら治める」自治を実現していくことこそが、協治となります。この協治の概念が当たり前のものとなり、地域の住民皆が積極的に「自ら治める」自治に関わるようになった社会こそ、協治社会といえるでしょう。

　協治社会においては、住民一人ひとりが自らが自治の主役であるという認識を持ち、自分たちが抱える課題について討議を行い、地域の公共にとって何が重要かを意思決定していきます。為された決定については、住民が自らできるものについては自分たちで行います。もちろん、予算が必要となるような住民の手に余ることがらもあるでしょう。そのようなものについては、

214

第10章　自治の華ひらく協治の世界

自治体との協働により、住民ができる部分は住民が、自治体の方がより上手くやれる部分については自治体が担うこととなります。

　もちろん、自治体の予算には一定の限界があります。地区ごとに住民のニーズが異なり、全てには一度に対応できないという場合もあるでしょう。その場合、どちらの方が優先すべきなのか、その優先順位の決定も住民に委ねます。自治体は、住民がきちんと意思決定を行うことができるよう、意見交換の場を設定し、適切な情報提供を行うようにします。その場に集まった住民たちが、討議を繰り返しながら、何が自分たちの住む自治体にとって重要なのか理解を深め、合意形成をはかっていくことになります。公選される住民代表としての議会は、そのような場で積極的にファシリテーションを行い、住民のよりよい意思決定を支援していくリーダーとしての役割が求められるでしょう。

　地区同士の住民の利害関係が対立するような政策課題もあるでしょう。例えば、老朽化が進んだインフラの補修をどの地区から進めていくかといったような課題では、誰しもが自分の住む地域から修繕してほしいと考えるのが当たり前です。しかし、そのような気持ちを持つ住民が集まったとしても、話し合いの場の中で適切な情報が示されるならば、自らのエゴと地域の公共を見比べて、納得のいく部分についてお互いに譲り合い、合意形成の調和点を探すという行動が生まれます。実際に、現在の日本の自治体でも、老朽化した水道管の補修箇所の優先順位について住民が集まって議論を行うなかで、最初は自分のところを補修してほしいと要望していた住民が、次第に病院や避難所など優先すべき箇所について自分たちで合意形成していったという岩手県矢巾町のような事例もあります（NHKクローズアップ現代、No.3566「押し寄せる老朽化　水道クライシス」、2014年）。このようなことは、ゴミの焼却場などのいわゆるNIMBY施設（Not in my backyard＝自分の家の近隣以外の場所にあってほしい「迷惑施設」）の建設の際にも重要となるでしょう。行政がきちんと科学的な根拠に基づく情報を示していくことによって、住民の間によりよい合意が形成されていくのです。

215

このように積極的な形で住民が自治に関わっていくならば、住民自治は大きく発展するでしょう。自ら治めることに目覚めた住民は、適切なコスト意識を持ち、行政のコストに厳しい目を注ぐとともに、自治体の仕事についても住民が担える部分については適切な対案を提示し、自ら担おうとするでしょう。その分、団体自治の方は行政が本来行わなければならないことがらに資源を集中させることができるようになり、その効率性を高めていくことが可能となります。つまり、協治社会においては、住民自治と団体自治の双方がより強くなっていくこととなるのです。団体自治の強化は、必ずしも住民自治の強化にはつながりません。しかし、住民自治を強化していくことは、そのまま団体自治の方も強化させていくことにつながっているのです。これまで実現できなかった地方自治の本旨の二つの要素である「団体自治」と「住民自治」の両立が、初めて可能となるということこそ、協治社会の大きな特長となるでしょう。

　ここで示した協治社会の理論は、伝統的自治理論もまたそうであったように、あくまで規範的な姿を示すことを企図した理念型の理論です。ただし、この理念型は、未だ日本には顕れていません。日本の地方自治の現場は、ようやく「協働」という言葉が浸透し始めた段階であり、まだまだ協治社会の実現にはほど遠い状態であることは否めません。しかしながら、理論というものはけっして現実を後追いするだけではなく、来たるべき将来の姿を展望するものでもあるべきです。その意味で、ここで示した協治社会のビジョンは、これからの日本の自治が目指していかなければならない次なる山の頂きでしょう。協治社会とは、これまでの地方自治の常識とは異なる、全く新しい自治のフロンティアです。今までの団体自治中心の考え方を改め、協治の概念にシフトしていくということは、自治体にとっても、あるいは地域住民にとっても、苦労が多く険しい道のりでしょう。しかしながら、苦労して切り拓いていった道の先には、豊かな自治の世界が広がっているのです。自治体の職員や、協働に取り組む住民にとって、これは挑戦しがいのある目標で

はないでしょうか。

　協治社会についての理解を助けるために、本章では住民自治中心の自治概念、外延的自治などの様々な考え方を述べてきました。また、本書のあらゆる箇所で、「自ら治める」自治、協働、新たな公共、民主性と効率性など、様々な鍵概念が提示されています。ここから先、これらの理論をいかして真の協治社会を築いていくことができるかどうかは、現実の社会に生きる我々に課せられた宿題です。我々一人ひとりが自律した主体として立ち、行政と共に地域のことを考え、一緒に汗を流しながら地域の公共について議論を重ね、努力を続けていく中で、協治社会は生まれてくるのではないでしょうか。

おわりに

　本書ではこれまで、自治と協働、そして協治というテーマについて、様々
な角度から論じてきました。

　本書の二人の著者、荒木昭次郎と澤田道夫は、いずれも行政学に携わるも
のですが、その興味関心は一貫して「自治とはなにか」という点にありまし
た。中でも、住民自身による自治、いわゆる「住民自治」のあるべき姿を追
求することが両者の思索の中核を構成しています。

　一口に自治に関する研究といっても、そこには様々なアプローチがありま
す。特に、現在の日本における自治研究は、自治体の構造を調べる組織論的
研究や、中央政府と自治体との関係を調べる地方分権や財政面からの研究、
法律や制度とその自治体行政への適用に関する法学的な研究など、地方公共
団体、即ち「団体自治」に関する研究が中心となっています。これは、団体
自治に関することは比較的研究しやすい、というのがその理由でしょう。自
治体は法律や制度に則って仕事をするため、その業務内容はある程度、全国
共通のものとなります。また、調査対象が公的機関であるため、データを収
集することも容易です。そのため、個々の制度が地域に与えた効果も測定し
やすく、類似団体同士の比較制度分析も行いやすいわけです。

　このように団体自治の研究が積極的に行われているのにひきかえ、住民自
治に関する研究はあまり熱心に取り組まれてはきませんでした。やはり、公
的制度を考えればいい団体自治と比べて、捉えどころのない「民」というも
のをどのように扱えばいいのか、我々研究者が恐れをなす部分があったので
はないでしょうか。しかしながら地方自治が「誰のために」行われるべきも
のかを考えれば、団体自治と同じくらい、いや、それよりも一層、住民自治
に関して考えることは重要となるはずです。住民を、行政が提供するサービ
スの単なる「従属変数」として取り扱ってきたことが、結果的に行政依存を
増大させ、お客様やクレーマーとしての住民を増やしてきたのであれば、本

219

末転倒ではなかったでしょうか。

　自治体の側も、研究者の側も、住民を行政サービスの消費者（Consumer）ではなく消費者生産者（Consumer-producer）として捉え直して行く必要があります。そのためには、理論面でも実体面でも、住民自治をもっと強化していかなければなりません。住民が「客体」ではなく「主体」となって自治に関わるようになり、行政とともに自治を担う協働生産者（Co-producer）になっていけば、日本の地方自治はますます充実発展していくでしょう。二人の著者は、このようなことを考えながら筆を走らせました。

　本書において述べられた様々な概念については、自治のあるべき方向性を示すことを企図しており、多分に規範的、理念的なものも含まれています。執筆に当たっては、研究者はもとより自治体職員、あるいは地域住民の方に理解していただけるよう、事例を交えるとともになるべく平易な表現を使用するよう心がけました。本書をお読みになられて、さらに自治について興味を持ち、深く研究されることをご希望の方は、各章末の参考文献等をご参照ください。また、実際に自らの地域において行われている協働の取組について調べ、そのような取組を実践しながら、協治社会について考えていただくことが、理論を一層深めることにつながると考えます。

　本書を通読していただいた皆さんが、自治についての理解を深め、こんにちの、そしてこれからの日本の自治のあり方について考える、そのためのきっかけやヒントに本書がなることができれば幸いです。

　2017年9月

　　　　　　　　　　　　　　　　　　　　　　　　澤田　道夫

参考文献

【共通】

①　荒木昭次郎『参加と協働〜新しい市民＝行政関係の創造〜』（ぎょうせい、1990年）

②　荒木昭次郎『協働型自治行政の理念と実際』（敬文堂、2012年）

③　荒木昭次郎・澤田道夫・黒木誉之・久原美樹子『現代自治行政学の基礎理論―地方自治の理論的地平を拓く―』（成文堂、2012年）

④　石田雄『自治』（三省堂、1998年）

⑤　加茂利男『地方自治の再発見　不安と混迷の時代に』（自治体研究社、2017年）

⑥　河合隼雄監修「21世紀日本の構想」懇談会『日本のフロンティアは日本の中にある―自律と協治で築く新世紀』（講談社、2000年）

⑦　公益財団法人日本都市センター『超高齢・人口減少時代に立ち向かう―新たな公共私の連携と原動力としての自治体―』（地域経済財政システム研究会WG報告書、2017年3月）

⑧　中田実監修『これからの町内会・自治会―いかしあいのまちづくり―』（自治体研究社、1981年）

⑨　西尾勝「自治」、年報政治学『政治学の基礎概念』所収（岩波書店、1982年）

⑩　西尾勝『行政学・新版』（有斐閣、2001年）

⑪　日本行政学会編『地方自治の動向』（年報行政研究23）（ぎょうせい、1989年）

⑫　日本都市学会編『都市自治をめぐる学際的研究』Vol.13（1979年）

⑬　吉冨重夫『地方自治の理念と構造』（有斐閣、1963年）

【第1章】

①　荒木昭次郎・宇都宮深志編著『開かれた市民社会をめざして』（創世記、1977年）

②　荒木昭次郎「自治効率論序説―自治行政の基礎概念を求めて―」、熊本県立大学総合管理学会編『アドミニストレーション』第16巻3・4合併号（2010年）

③　熊本県立大学編集委員会『熊本学のススメ―地域学入門―』、熊本県立大学（2002年）

④　社会保障研究所編『社会福祉における市民参加』、東京大学出版会（1996年）

⑤　出町譲『日本への遺言：地域再生の神様〈豊重哲郎〉が起こした奇跡』（幻冬舎、2017年）

【第2章】

① 井出英策『財政から読みとく日本社会―君たちの未来のために―』（岩波ジュニア新書、2017年）

② 小滝敏之『縮減社会の地域自治・生活者自治　その時代背景と改革理念』（第一法規、2016年）

③ 堤未果『社会の真実の見つけかた』（岩波ジュニア新書、2011年）

④ 藤波匠『人口減が地方を強くする』（日本経済新聞社、日経プレミアシリーズ302、2016年）

⑤ 山浦晴男『地域再生入門―寄り合いワークショップの力―』（ちくま新書、2015年）

【第3章】

① 大月敏雄『町を住みこなす―超高齢社会の居場所づくり』（岩波新書、2017年）

② 紙屋高雪『〝町内会〟は義務ですか？～コミュニティと自由の実践～』（小学館、2014年）

③ 木下斉『稼ぐまちが地方を変える　誰も言わなかった10の鉄則』（NHK出版新書、2015年）

④ 藻谷浩介・NHK広島取材班『里山資本主義―日本経済は「安心の原理」で動く―』（株式会社KADOKAWA、2013年）

⑤ 山崎亮『コミュニティデザインの時代　自分たちで「まち」をつくる』（中公新書、2012年）

【第4章】

① 共同通信社編『新しい力　私たちが社会を変える』（新評論、2017年）

② 小林正弥『神社と政治』（角川新書、2016年）

③ 原武史『団地の空間政治学』（NHKブックス、2012年）

④ 本田由紀『もじれる社会―戦後日本型循環モデルを超えて―』（ちくま新書、2014年）

⑤ 矢作弘『縮小都市の挑戦』（岩波新書、2014年）

【第5章】

① 熊本県立大学総合管理学部創立20周年記念論文集『総合知の地平』（九州大学出版会、2014年）

② 坂野潤治『明治デモクラシー』（岩波新書、2005年）

③ 成田龍一『大正デモクラシー』（シリーズ日本近現代史④）（岩波新書、2007

年）

④　広井良典『人口減少社会という希望　コミュニティ経済の生成と地球論理』
（朝日新聞出版、2013年）

⑤　松沢裕作『町村合併から生まれた日本近代　明治の経験』（講談社選書メチエ、
2013年）

⑥　松沢裕作『自由民権運動（デモクラシー）の夢と挫折』（岩波新書、2016年）

【第6章】

①　岩崎正洋・佐川泰弘・田中信弘編著『政策とガバナンス』（東海大学出版会、
2003年）

②　澤田道夫「新しい公共と地域のガバナンス」、『非営利法人研究学会誌』Vol.14
（非営利法人研究学会、2012年）

③　嶋田暁文・阿部昌樹・木佐茂男編著『地方自治の基礎概念　住民・住所・自治
体をどうとらえるか？』（公人の友社、2015年）

④　神野直彦・澤井安勇『ソーシャル・ガバナンス』（東洋経済新報社、2004年）

【第7章】

①　佐藤俊一『地方自治要論』第2版（成文堂、2006年）

②　白石克孝・新川達郎『参加と協働の地域公共政策開発システム』（日本評論社、
2008年）

③　西尾隆編著『住民・コミュニティとの協働』、自治体改革第9巻（ぎょうせい、
2004年）

④　山崎丈夫『地域コミュニティ論―地域分権への協働の構図』（三訂版）（自治体
研究社、2009年）

⑤　松下圭一『自治体再構築』（公人の友社、2005年）

⑥　R．D．パットナム『哲学する民主主義』、河田潤一訳（NTT出版、2001年）

【第8章】

①　倉沢進・秋元律郎編著『町内会と地域集団』（ミネルヴァ書房、1990年）

②　総務省「地域運営組織の形成及び持続的な運営に関する調査研究事業報告書」
（2017年）

③　総務省「地域自治組織のあり方に関する研究会報告書」（2017年）

④　内閣府「平成19年版国民生活白書　つながりが築く豊かな国民生活」（2007年）

⑤　西尾隆編『コミュニティと住民活動』（ぎょうせい、1993年）

⑥　宗野隆俊『近隣政府とコミュニティ開発法人　アメリカの住宅政策に見る自治

の精神』（ナカニシヤ出版、2012年）
⑦　森裕亮『地方政府と自治会間のパートナーシップ形成における課題』（渓水社、2014年）
⑧　寄本勝美『自治の形成と市民』（東京大学出版会、1993年）

【第9章】
①　今村都南雄『行政学の基礎理論』（三嶺書房、1997年）
②　今村都南雄編著『日本の政府体系』（成文堂、2002年）
③　大森彌・佐藤誠三郎編『日本の地方政府』（東京大学出版会、1986年）
④　竹下譲編著『世界の地方自治制度』（イマジン出版、1999年）
⑤　西尾勝『地方分権改革』（東京大学出版会、2007年）
⑥　真山達志編著『ローカル・ガバメント論』（ミネルヴァ書房、2012年）

【第10章】
①　杉原泰雄『地方自治の憲法論』（勁草書房、2002年）
②　西尾勝『行政学の基礎概念』（東京大学出版会、1990年）
③　Ｃ．Ｅ．リンドブロム・Ｅ．Ｊ．ウッドハウス『政策形成の過程』、薮野祐三・案浦明子訳（東京大学出版会、2004年）
④　Ｄ．ウィットマン『デモクラシーの経済学』、奥井克美訳（東洋経済新報社、2002年）
⑤　Ｒ．Ｄ．パットナム『孤独なボウリング　米国コミュニティの崩壊と再生』、柴内康文訳（柏書房、2006年）

共著者略歴

荒木　昭次郎（あらき・しょうじろう）［第1章～第5章］

1940年	熊本県山都町生まれ
1968年	早稲田大学大学院政治学研究科自治行政専攻修了
1968年	財団法人日本都市センター研究員
1973年	東海大学講師、助教授、教授を経て、1999年同大学名誉教授
2000年	熊本県立大学総合管理学部教授を経て、2010年同大学名誉教授

【主著】

1977年	共編著『開かれた市民社会をめざして―ニューローカリズムの提唱―』（創世記）
1990年	単著『参加と協働―新しい市民＝行政関係の創造―』（ぎょうせい）
2012年	単著『協働型自治行政の理念と実際』（敬文堂）

澤田　道夫（さわだ・みちお）［第6章～第10章］

1970年	東京都世田谷区生まれ
1993年	東京外国語大学外国語学部ドイツ語学科卒業
1993年	石油公団
1996年	熊本県庁
2009年	熊本県立大学大学院アドミニストレーション研究科修了
2010年	熊本県立大学准教授

【主著】

2012年	共著『現代自治行政学の基礎理論』（成文堂）

真・自治行政構想の奇跡 ～自治の華ひらく協治の世界～

2018年1月20日　初版第1刷発行

共著者	荒　木　昭　次　郎
	澤　田　道　夫
発行者	竹　内　基　雄
発行所	株式会社　敬　文　堂

東 京 都 新 宿 区 早 稲 田 鶴 巻 町 ５ ３ ８
東京（03）3203-6161代　FAX（03）3204-0161
振替 00130-0-23737
http://www.keibundo.com

ⓒ2018, Shojiro Araki　　ISBN978-4-7670-0223-1 C3031
　Michio Sawada
　Printed in Japan

印刷・製本／信毎書籍印刷（株）　カバー装丁／リリーフ・システムズ
落丁・乱丁本は、お取替えいたします。
定価はカバーに表示してあります。